AF455389

MISSION PELLIOT EN ASIE CENTRALE

Série Petit in-Octavo, Tome II

FORMULAIRE SANSCRIT-TIBÉTAIN DU X^{E} SIÈCLE

ÉDITÉ ET TRADUIT

PAR

JOSEPH HACKIN
CONSERVATEUR DU MUSÉE GUIMET

LIBRAIRIE ORIENTALISTE PAUL GEUTHNER
Paris — 13, Rue Jacob (VIe) — 1924

MISSION PELLIOT EN ASIE CENTRALE

FORMULAIRE SANSCRIT-TIBÉTAIN

MISSION PELLIOT EN ASIE CENTRALE

Série Petit in-Octavo, Tome II

FORMULAIRE SANSCRIT-TIBÉTAIN

DU Xe SIÈCLE

ÉDITÉ ET TRADUIT

PAR

JOSEPH HACKIN
CONSERVATEUR DU MUSÉE GUIMET

LIBRAIRIE ORIENTALISTE PAUL GEUTHNER
Paris — 13, Rue Jacob (VIe) — 1924

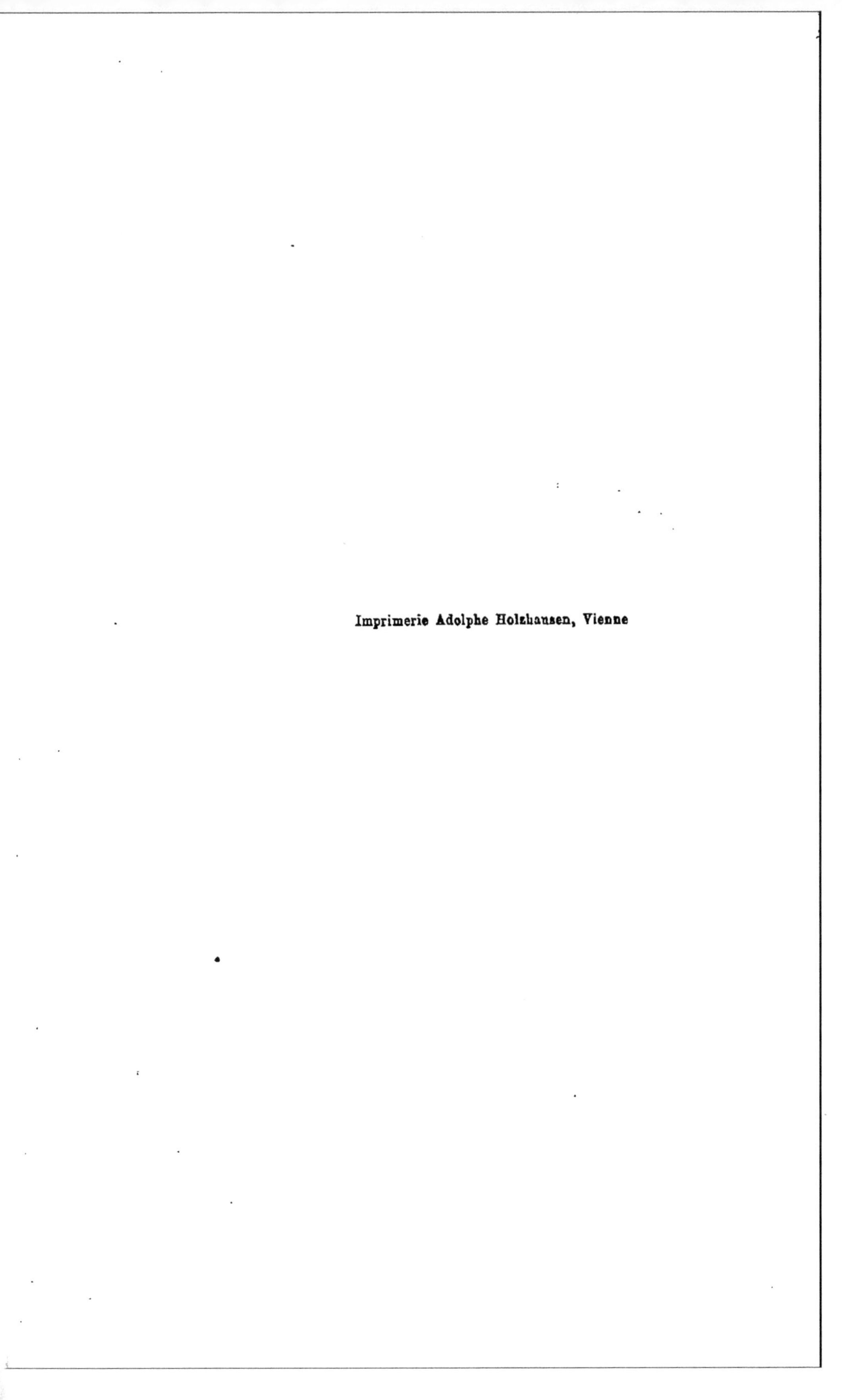

Imprimerie Adolphe Holzhausen, Vienne

I

INTRODUCTION

Le manuscrit « Dons 4502, Collection Pelliot N° 3531 » de la Bibliothèque Nationale figurait parmi les nombreux documents tibétains découverts dans la cachette du Ts'ien-fo-tong de Touen-houang par M. Paul Pelliot; il se compose d'une suite de sept feuillets ($0^m 44 \times 0^m 30$), numérotés au verso et soigneusement collés bout à bout; l'ensemble affecte la forme d'un rouleau de $3^m 08$ de longueur. Le papier, d'une teinte jaunâtre, est extrêmement résistant et présente une grande ressemblance avec le papier chinois connu sous le nom de *sang-p'i-tche* 桑皮紙.

Le rouleau manuscrit est désigné en Chine sous le nom de *kiuan* 卷; ce terme a pris en outre le sens dérivé de chapitre, chaque rouleau comprenant primitivement un chapitre. Au Tibet, l'emploi du rouleau, généralisé du VIIe au Xe siècle, se prolongea jusqu'au XIVe siècle.[1]

Le texte est généralement disposé sur deux lignes : la première est réservée au sanscrit, la seconde à la version tibétaine. Quelques passages : la liste des *bcan-po*, le colophon, etc. sont entièrement rédigés en tibétain. La version tibétaine présente des particularités orthographiques qui permettent des comparaisons intéressantes avec le texte des édits de Lha-sa.[2]

---

[1] B. Laufer, *Der Roman einer tibetischen Königin*, Leipzig, 1911, p. 7.

[2] L. A. Waddell, *Ancient historical edicts at Lha-sa* (*J. R. A. S.*, 1909, p. 923 ss.; 1910, p. 1247 ss.; 1911, p. 394 ss.). P. Pelliot, *Quelques transcriptions chinoises de noms tibétains* (*T'oung Pao*, vol. XVI, p. 2, rem. 1).

Parmi les particularités communes aux deux textes, signalons la mouillure caractéristique de la nasale labiale précédant la voyelle ou la diphtongue palatale. La partie tibétaine du texte présente en outre de nombreuses défectuosités orthographiques ; ces rédactions fautives, d'une abondance anormale, semblent confirmer l'hypothèse, émise par Sir Aurel Stein,[1] d'une rédaction locale des manuscrits tibétains découverts dans la cachette du Ts'ien-fo-tong. L'influence politique et religieuse du Tibet sur cette région y avait fait essaimer de véritables colonies, chez lesquelles l'emploi de la langue tibétaine se maintint durant des siècles.

La partie sanscrite du texte atteste très nettement l'influence de faits particuliers à la phonétique tibétaine; on retrouve la mouillure caractéristique de la nasale labiale précédant *i* ou *e* et la mutation des sourdes finales en sonores. Les transformations d'ordre prācritique sont nombreuses : changement de *ṛ* en *i*, de *ai* et *au* en *e* et *o*, de *kṣ* en *kk*, de *c* en *j*, de *y* en *j*, de *ṇḍ* en *n*, insertions vocaliques pour résoudre les groupes consonantiques, métathèse, etc. Ces transformations n'ont d'ailleurs rien d'absolu : un mot *vajra*, par exemple, peut se présenter tout d'abord sous une forme prācrite *ba-ja-ra*, et se représenter dans le corps du texte sous un aspect très voisin du mot sanscrit (*ba-jra*). Si nous sommes, dans bien des cas, assez loin du sanscrit, nous devons tout au moins nous efforcer de le faire apparaître en étudiant les altérations qui le masquent : la restitution sanscrite qui a été adoptée rectifie simplement les formes bâtardes du texte, sans entrer toutefois dans le détail d'une reconstitution grammaticale.

---

[1] M. Aurel Stein, *Ruins of desert Cathay*, vol. II, p. 184.

La première partie du texte comprend une sorte d'index portant sur des catégories numériques et présentant, sous un aspect plus fragmentaire et moins méthodique, des analogies avec le *Dharmasaṃgraha* et la *Mahāvyutpatti*[1]; j'ai adopté, pour faciliter d'opportunes comparaisons avec ces deux derniers ouvrages, une classification par rubriques qui s'applique à l'ensemble du texte.

La précarité de notre information en matière d'histoire tibétaine me faisait un devoir de tirer parti des indications d'ordre historique qui figurent dans la seconde partie du texte. Aussi dois-je une particulière reconnaissance à M. Paul Pelliot, membre de l'Institut, qui a bien voulu, en me signalant certaines lacunes de mon étude, insister sur l'importance que présenteraient des recherches historiques plus précises. Des documents inédits de la mission Pelliot, amicalement commentés par M. Jacques Bacot, des estampages des édits historiques de Lha-sa, communiqués par M. Lo Tchen-yu à M. Paul Pelliot, m'ont fourni quelques recoupements décisifs. Ainsi se trouvent précisés le rôle et la

---

[1] *Dharmasaṃgraha,* An ancient collection of Buddhist technical terms, prepared for publication by Kenjiu Kasawara and after his death edited by F. Max Müller and H. Wenzel (*Anecdota Oxoniensia, Aryan Series,* vol. I, part V), Oxford 1885.

Mahāvyutpatti, édition Minaev-Mironov (*Bibliotheca Buddhica,* XIII), Petrograd 1910.

Sanskrit-Tibetan-English Vocabulary: being an edition and translation of the *Mahāvyutpatti,* by Alexander Csoma de Körös, edited by E. Denison Ross and Mahāmahopadhyāya Satis Chandra Vidyābhūsana (*Memoirs of the Asiatic Society of Bengal,* IV, p. 1 ss., p. 129 ss.).

Sakaki (Ryōsaburō) *Honyaku Meigi Daishū* (*Bonzōkanwa shiyaku taikō*). *Annales de la Faculté des Lettres de l'Université Impériale de Kyōto,* Tome III, Kyōto 1916.

situation dans le temps des dynastes tibétains Khri-lde-gcug-bcan, Khri-lde-sroṅ-bcan et Khri-gcug-lde-bcan-ral-pa-čan. Le rédacteur ne se contente pas de passer sous silence le nom particulièrement exécré de gLaṅ-darma; il exclut également de sa liste ʼOd-sruṅ, fils posthume de l'apostat, et reprend son énumération avec les deux fils de lDe-dpal- ʼkhor-bcan, sKyid-lde-ñi-ma-mgon (le Khris-kyi-liṅ de notre manuscrit) et bKra-śis-rcags-pa-dpal. Les derniers *bcan-po* mentionnés régnaient encore dans la 2e moitié du Xe siècle de notre ère; mais nous ne trouvons plus sur la liste les noms des moines-rois, descendants de lDe-bcun-mgon (le lDe-gcug-mgon du manuscrit), Ye-śes-ʼod qui régnait au début du XIe siècle et Byaṅ-čhub-ʼod qui reçut le fameux pandit indien Atīśa (Dīpaṅkaraśrījñāna)[1] (980—1053), celui-là même qui devait attacher son nom à la réforme du bouddhisme tibétain. La liste royale close, viennent s'inscrire les moines, maîtres du Mahāyāna : Asaṅga, Vasubandhu, Sthiramati et deux grands sorciers (*mahāsiddha*), Indrabodhi et Kukurarāja, mais aucune mention n'est réservée au nécromant Padmasambhava; il n'y a pas lieu de s'étonner de cette omission, lorsqu'on évoque le ton haineux des chroniques historiques qui lui consacrent quelques lignes. La geste de Padmasambhava n'a jamais pu enfreindre les rigueurs de la censure officielle; hâtons-nous d'ajouter que cet ostracisme n'a nullement porté atteinte au prestige du grand saint des sectes rouges.[2]

---

[1] Sarat Chandra Das, *Indian Pandits in Tibet* (*Journal of the Buddhist Text Society of India*, vol. I, 1893, p. 7 ss.).

[2] A. Grünwedel, *Padmasambhava und Verwandtes*, dans *Baessler Archiv*, Band III, Heft 1, p. 2.

G. C. Toussaint, *Le Padma thaṅ yig* (*B. E. F. E.-O.*, XX).

Je ne saurais terminer cette brève notice sans prier MM. Louis Finot, Sylvain Lévi et Paul Pelliot de recevoir ici le témoignage de ma reconnaissance pour l'intérêt qu'ils ont porté à ce travail en me dispensant très amicalement leurs conseils. Qu'il me soit permis d'assurer de ma gratitude M. Jules Bloch, professeur à l'Ecole des Langues Orientales, et M. Jacques Bacot, chargé de cours à l'Ecole des Hautes Etudes, qui ont bien voulu compléter, en plus d'un point, l'aperçu phonétique et historique qui clôt cette étude.

Septembre 1922.

J. Hackin.

II
TEXTE

I (1)

། རྣམ་པ་གཅིག་ཏུ་ ། ། ན་མོ་འབུ་ཐ་ཡུ་ ། ན་མོ་
སང་རྒྱས་ལ་འཕྱག་འཚལ་ལོ་ །

དར་མ་ཡུ་ ། ན་མོ་སང་ག་ཡུ་ ||| ན་མོ་
ཆོས་ལ་ཕྱག་འཚལ་ལོ་ ། དགེ་འདུན་ལ་ཕྱག་འཚལ་ལོ་ ॥

(2)
རད་ན་ཏྲ་ཡ་ཡུ་ ། ། དཀོན་ ། ན་མོ་སར་བ་ཨག་
དཀོན་མཆོག་གསུམ་ལ་ཕྱག་འཚལ་ལོ་ ། ཐམས་ཅད་

ཉི་ཡ་ ། ། འབུ་ཐ་ས་ཡམ་འབུ་ཐ་ ། ། པན་
མཁྱེན་པ་ལ་ཕྱག་འཚལ་ལོ་ ། རང་བྱུང་སང་རྒྱས་དང་ །

(3)
ཏི་འབུ་ཐའ་ ། ཏད་ཐ་ཏ་འབུ་ཐ་ །
རང་བཞིན་གྱི་སང་རྒྱས་ ། ཡེ་ནས་སངས་རྒྱས་པ་དང་ །

། ཤི་དའ་ ། འབུ་དའ་ ། འབུ་དེ་ ། ཤ་བ་ཏ་ ||
བྱང་ཆུབ་སེམས་པ་དང་ ། གྲུབ་པའི་སང་རྒྱས་ རབ་བདུན་དང་ །

ཏ་ཐ་ག་ཏ་འབུ་ཐ་ ། སུ་ག་ཏ་འབུ་དའ་
དེ་བཞིན་ག་ཤེགས་པ་སང་རྒྱས་དང་ ། བདེ་བར་ག་ཤེགས་པ་སངས་

(4)
། ཨ་རན་ཏ་འབུ་ཏ་ ། འབྲི་ཏ་ར་ག་འབུ་ཐ་
རྒྱས་ ། རང་སང་རྒྱས་དང་ །

་། ཨ་རྷུ་འབུ་ཐ་ ་། སྨྲ་བ་
སྒྲ་བཅོམ་པ་སངས་རྒྱས་དང་། འཕགས་པའི་སངས་རྒྱས་དང་། ཉན་

ཀ་འབུ་ད་ ་།། པྲད་ཏི་ཀའ་འབུ་ཐ་
ཐོས་ཀྱི་སངས་རྒྱས་དང་། མདོ་སྡེའི་སངས་རྒྱས་

་། [6]སམ་བྷུག་སམ་འབུ་ཐ་
དང་། བླ་ན་མེད་པའི་བྱང་ཆུབ་ཀྱི་སངས་རྒྱས་

་།། འབུ་ཐ་འབུ་ཐ་ཀུ་ན་ ་།། ཙད་བ་རི་སང་སྒྲི་
དང་། སང་རྒྱས་དང་སང་རྒྱས་ཀྱི་ཡོན་ཏན་དང་།

ད་ ་། [6]ཨར་ཏ་བྲུ་ཀ་རའ་ན་ ་། སྒྲོ་ར་ས་བྲུ་
་སྐད་ཟུར་བཞི་ཙམ་། བྲུ་ཀ་ར་ན་སྡེ་བརྒྱད་དང་། བྲ་

ཀ་ར་ན་ ་། ཚ་ད་ར་ས་ན་ ་། ཚ་ད་ར་ཀ
ཀ་ར་ན་བཅུ་དྲུག་དང་། ཆོས་ཀྱི་སྒོ་དྲུག་དང་། གདར་ཀ་

་། ॥ ཙ་ད་ར་སིད་དི་། དར་མ་།
དྲུག་དང་། ཆོས་ཀྱི་སྒོ་མོ་བརྒྱད་ཁྲི་བཞི་སྟོང་དང་།

[7] ན་བ་ཀྲ་མ་ ་། ཚ་དི་ཤ་ཟོ་ག་ཏན་ད
ཐེག་པ་རིམ་པ་དགུ་དང་། རྒྱུད་ཆེན་པོ་སུམ་ཅུ་རྩ་

། ཐེག་པ་རིམ་པ་དགུ་གང་ལ་བྱ་ཞེ་ན ། ། སྤྱི་འི་ཐེག་པ་དང་ །
དྲུག་དང་ །

[8] ལྷའི་ཐེག་པ་དང་ ། ཉན་ཐོས་ཀྱི་ཐེག་པ་དང་ ॥ རང་སང་རྒྱས་ཀྱི་ཐེག་པ་
དང་ ། ། མདོ་སྡེའི་ཐེག་པ་དང་ ། བྱང་ཆུབ་སེམས་པའི་[9] ཐེག་པ་དང་ ། ། མཇོ་
ག་དང་ ། ཀྲིར་ཡཱ་དང་ ། ཨུ་པ་ཡ་དང་ ། དེ་རྣམས་ནི་ཐེག་པ་རིམ་པ་དགུ་
ལ་བྱ་ ། [10] འཇོག་ལ་ཡང་རྣམ་པ་བཞི་ ། འཇོག་དང་ ། མ་ཧ་འཇོག་དང་ ། ཨ་
ནུ་འཇོག་དང་ ། ཨ་ཏི་འཇོག་དང་ ། བཞི་ ། [11] ཀིར་ཡ་ལ་རྣམ་པ་བཞི་སྟེ་ །
ཉན་ཐོས་ཀྱི་ཀིར་ཡ་དང་ ། ། རང་སངས་རྒྱས་ཀྱི་ཀིར་ཡ་དང་ ། ། མདོ་
སྡེ་འི་ཀིར་ཡ་[12] དང་ ། ། བྱང་ཆུབ་སེམས་པའི་ཀིར་ཡ་དང་ ། བཞི་ །
ཡུ་པ་ཡ་རྣམ་བཞི་ལ་ ། ཉན་ཐོས་ཀྱི་འབྲས་བུ་ཐོབ་པ་དང་ ། [13] ། རང་
སངས་རྒྱས་ཀྱི་འབྲས་བུ་ཐོབ་པ་དང་ ། ། བྱང་ཆུབ་ཀྱི་འབྲས་བུ་
ཐོབ་པ་དང་ ། མདོ་སྡེའི་འབྲས་བུ་དང་བཞི་ ། [14] ཚ་དི་༡་ཟློག་དན་ཏ་
རྒྱུད་

་།། ཏན་ཏྲ་མ་ཡ་འཛ་ལ ། ཤྲི་

ཆེན་པོ་སུམ་ཙུ་ཙ་དྲུག་གང་ལ་བྱ ། རྒྱུད་སྒྱུ་འཕྲུལ་དྲྭ་བ་དང་ ། དཔལ་

སྨཱ་ཛ་ཏན་ཏྲ ་ ། བེ་རོ་ཙ་ན་མ་ཡ་ཛྭ་ལ་ཏན་ཏྲ

ཐམས་ཅད་འདུས་པའི་རྒྱུད་དང་ ། རྣམ་པར་སྣང་མཛད་ རྒྱུད་སྒྱུ་འཕྲུལ་

(15) ་ ། མན་ཛུ་ཤྲི་མ་ཡ་ཛྭ་ལ་ཏན་ཏྲ

དྲྭ་བ་དང་ ། འཇམ་དཔལ་ ཡེ་ཤེས་སེམས་པའི་རྒྱུད་སྒྱུ་

་ ། ལོ་ཀི་ཤྭ་ར་མ་ཡ་ཛྭ་ལ་ཏན་ཏྲ

འཕྲུལ་དྲྭ་བ་དང་ ། སྤྱན་རས་གཟིགས་

་ ། བ་ཛྲ་སཏྭ་མ་ཡ་ཛྭ་ལ་

དབང་ཕྱུག་གི་རྒྱུད་སྒྱུ་འཕྲུལ་དྲྭ་བ་དང་ ། རྡོ་རྗེ་སེམས་པའི་རྒྱུད་སྒྱུ་

ཏན་ཏྲ (16) ་ ། དེ་ཝི་མ་ཡ་ཛྭ་ལ་ཏན་ཏྲ ་ །། ག་ཡ་

འཕྲུལ་དྲྭ་བ་དང་ ། ལྷ་མོ་ རྒྱུད་སྒྱུ་འཕྲུལ་དྲྭ་བ་དང་ ། སྒྱུ་

བ་ག་ཙིཏ་ར་ཏན་ཏྲ ་།ག་ཡ་ཏན་ཏྲ་ས་ཐ་འབུ་ཏ་ས་མ་ཛོ་ག་

གསུམ་ཐུགས་ཀྱི་རྒྱུད་གསུམ་དང་།སྒྱུ་འི་སྦྱོར་བ་ཐམས་ཅད་སངས་རྒྱས་

(17) ་ ། བ་ག་ཏན་ཏྲ ་ ། འགུ་ཡ་དི་ལ་ཀ་ ་ །

ཀྱི་རྣམ་སྦྱོར་གི་རྒྱུད་ ། གསུང་གི་འགོལ་པ་ ་ ། ཟླ་གསང་ཐིག་ལེ་རྒྱུད་ །

ཙིད་ཏ་ཏན་ཏྲ ། འགུ་ཧྱ་ས་མ་ཛ ། །མཱུ་ལ་ཏན་ཏྲ །

ཐུགས་ཀྱི་ ཐིགས་པ་རྒྱུད་གསང་བ་འདུས་པ་དང་ ། རྩ་བའི་རྒྱུད་དང་ །

། ཨ་མོ་ག་པ་ཤ་ཏན་ཏྲ[18] ། འགུ་ཧྱ་ཀར་ཎ་ཏན་ཏྲ

རྒྱུད་ཐབས་ཀྱི་ཞགས་པ་ ། རྒྱུད་གསང་

། ། བ་ཛྲོ་ཨམ་འབྲི་ཏ་ཏན་ཏྲ ། བ་ཛྲོ

བའི་སྙིང་པོ ། བདུད་རྩི་འི་རྒྱུད་ བམ་པོ་བརྒྱད་པ་དང་ ། རྡོ་རྗེ་

ཙ་ཏུ་ཥྤཱི་ཋི་ཏན་ཏྲ དང་ ། ཧེ་རུ་ཀ[19] ཨ་བྷྱུ་ད་ཏན་ཏྲ །

གདན་བཞི་འི་རྒྱུད་དང་ ། ཧེ་རུ་ཀ་ཐམས་ཅད་འབྱུང་བའི་རྒྱུད་དང་ །

ས་རི་ཛི་ཀལ་པ་ཏན་ཏྲ་དང་

ཟླ་མོ་འོད་ཟེར་ཅན་འབྱུང་བའི་རྒྱུད་དང་ །

ལག་ཁྲི་མི་ཤ་ར་ཎ་ཏན་ཏྲ ། པན་ཙ་སྐན

ཡང་དག་གྲུབ་པའི་རྒྱུད་དང་ །

དའ་ཁྲི་ཙ་ར་ཎ་ཏན་ཏྲ II [20] ། འབུ་ད་ན་མ

ཕུང་པོ་ལྔའི་གྲུབ་པའི་ཏན་ཏྲ་དང་ །

ར་ཏན་ཏྲ ། ཨ་བ་ད་ར་ཏན་ཏྲ ། དང་ །

འབྱུང་པོ་འབྱུང་བའི་རྒྱུད་དང་ །

དད་དྷ་སང་ཀྲ་ཏན་ཏྲ་དང་། འཛོ་གོ་འོ་ཏྲོ་ཏན་ཏྲ། [21] ཛོ་གོ་ཉི་རོད་། ཏན་ཏྲ།
ཛོ་གི་ནི་ཏན་ཏྲ། ། ཨོ་ལི་པད་ཏི་ཏན་ཏྲ། ཨད་དྷ་ཤིན་ཏི་ཏན་ཏྲ་དང་།
[22] ཤ་མ་ཡ་སིད་ཏི་ཏན་ཏྲ་དང་། ། ལང་ཀ་ཨ་བ་ད་ར་ཏན་ཏྲ་དང་། ། རད་
ན་ཨ་བ་ལི་ཏན་ཏྲ། ། ག་ར་ནི་བྲུ་ཏན་ཏྲ། [23] ཤུ་ག་ཏ་ཏི་ལ་ཀ་ཏན་ཏྲ། ༎

[24] ༎ རྒྱ་གར་སྐད་དུ། ཏྲ་ཡ་ས་ད་ན

ལོ་ཡི་ཀའ་ཁྲི་ཐྲག་ལ་། གསུམ་དུ་བསྡུས་
་། མན་དལ་ལ་ནོ་ཡི་ཀ་ ་། འདི་བ་ནོ་ཡི་ཀ་ ་། ས་ [25]

པ་། དཀྱིལ་འཁོར་གི་བསྒྲུབ་ཐབས་དང་། ལྷའི་བསྒྲུབ་ཐབས་དང་།
ད་ན་ནོ་ཡི་ཀ་ ་། ཨེ་

ལེགས་པའི་ཡོན་ཏན་དངོས་སྒྲུབ་ཀྱི་བསྒྲུབ་ཐབས་དང་། དེ་
ཏྲ་ཡ་ས་ཐ་ ཏྲ་ཡ་ཨ་ནོ་ཥྚ་ན། ཐར་མ་ར་ཛ།

དག་ཐམས་ཅད་སྡེ་སྣོད་གསུམ་དུ་འདུས་པ་། རྒྱ་གར་ ཆོས་ཀྱི་རྒྱལ་
[26] ་། སྲུ་བེ་ཙུ། མད་དྷུ་སྲུ་ཀྲེ་ཙུ ། ། སྤུར་བང་ཀུ་ར་

པོས་བསྟན་པ་ཡིན་ནོ། དབུས་ཀྱི་རི་རབ་དང་། ཤར་གི་
་། འདག་ཁྲི་ན། འཛམ་བུ་དྷི་པ། ཨ་པ་ར་འགོ་

ལུས་འཕགས་པོ། ལྷོའི་ འཛམ་བུ་གླིང་། ནུབ་ཀྱི་བན་གླང་

(27)
ད་ ཨ་བ་རཱི་། །ཨུ་ཏ་རང་ཨང་ཀུ་དའ་། ཨ་ཧ་ཨང་སུ་། སུ་ཏྲེ་
སྤྱོད་ ་། །བྱང་གི་སྨྲ་ཀྱི་སྐྱེན་དང་། རི་རབ་

རུ་། ་། སུར་བ་འདི་པ ་། ཨར་ཧ་ཙན་ཏྲ་ །
ཟུར་བརྒྱད་དང་། ཤར་ ཕྱོགས་ཀྱི་ ཟླ་གམ་།

(28)
འདག་ཁྲི་ན་། ཏྲི་ཀོ་ན་ ་། ཨ་པ་ར་ཀོ་ད་ ། ཨ་
སྒོ་འི་འཛམ་བུ་གླིང་ སོགས་ཀ་། ནུབ་ཀྱི་བན་གླང་

བ་རི་ ་། ཙ་ཀྲ་མན་དའ་ལ་། ཨུ་ཏྲ་ར་ ཙ་ཏུ་ཨ་སོ་མན་ད་
སྤྱོད་ ཟླུམ་པོ་ །བྱང་གི་སྨྲ་ཀྱི་སྐྱེན་ཀྲུ་བཞི་

(29)
ལ་། སུར་བ་ ཨ་ཧ་ཙན་དྲ་དི་བ་ ་། མ་
་། ཤར་གི་ལུས་འཕགས་པོ་། ཡུལ་ཡང་ཟླ་གམ་། ཀྱི་

ནུ་ས་ཨ་ཧ་ཙན་ཏྲ་ ། འཛམ་བུ་ཏྲི་པ་ཏྲི་ཀོ་ན ་། མ་ནོ་
ཡང་ ཟླ་གམ་། སྒོ་འི་འཛམ་བུ་གླིང་ཡང་ སོགས་ཀ་། ཀྱི་

(30)
ས་ཏྲི་ཀོ་ན ་། ་འདི་བ་ཙག་ཀྲ ་། མ་
ཡང་ སོགས་ཀ་། ནུབ་ཀྱི་བན་གླང་སྤྱོད་ཡུལ་ཡང་ཟླུམ་པོ་། ཀྱི་

ནོ་ས་ཙག་ཀྲ་། ཨུ་ཏྲ་ར་ཨང་འགུ་ར་ ། ཙ་ཏུ་ར་ཨ་ས་མ་།
ཡང་ཟླུམ་པོ་ ། བྱང་གི་སྨྲ་ཀྱི་སྐྱེན་། གླིང་ཡང་ ཀྲུ་བཞི་ ་།

་། སུ་སྐྱེ་རྩ་ ཉི་ལ་ཡ་ ་། (31) འདི་བ་ལོ་ཀ་།
སྐྱི་ཡང་གྲུ་བཞི་ ། རི་རབ་དབུས་ན་བཞུགས་ན་པའི་ ལྷ་འི

ལག་ཤ་ཨ་ཡོ་ ་། ཕྱུར་བ་ འདུའི་ཤ་ད་བ་
ཆེ་ལོ་ཁྲི་ཕྲག་ཐུབ་ ། ལུས་འཕགས་པོ་འི་

རི་ཤ་ཨ་འི་བ་ ་། འདག་ཁྱི་ན་འཛམ་བུ་དེ་པ་ ས་ད་ །
ཆེ་ལོ་ཉིས་བརྒྱད་ ། འཛམ་བུ་གླིང་ཆེ་ལོ་བརྒྱད་ །

32) བ་རི་ཤ་ཨ་ཡོ་། ཨ་པ་ར་ཀོ་དའ་ པན་ཛ་ས་ད་བ་རི་ཤ་ཨ་
ནུབ་ཀྱི་བན་གླང་སྤྱོད་ཆེ་ལོ་ལྔ་ བརྒྱད་

ཡོ་॥ ཨུ་ཏྲ་ར་ཨང་འགུ་ར་། ས་ཨ་སྤྲ་བ་རི་ས་ཨ་ཡོ་འ་། (33) ཕྱུར་བ
་། སྒྲ་མི་སྙན་ ཆེ་ལོ་སྟོང་ཐུབ་ །ཤར་གི་

ར་ཛ་། འབྲི་རོ་ད་ཀ་ཡ་ ། ་། འཛམ་བུ་དེ་པ་།
ཡུལ་ཁོར་སྐྱོང་ས་ ། ཧྲི་འི་

ར་ཛ་བྲི་རོ་པག་ཚ་ཡ་ ། ་། ་། (34) ཨ་པ་ར་ཀོ་དའ་ཨ་བ
རྒྱལ་པོ་ འཕགས་སྐྱེས་པོ་ ། ནུབ་ཀྱི་

རི་ར་ཛ་ ། ་། ཨ་དེ་པོ་ད་ཡའ་ ॥ ཨུ་ཏྲ་རང་ཨང་གུ
རྒྱལ་པོ་དམིག་མི་བཟང་ ། ་། བྱང་གི་སྒྲ་མི་སྙན་གི

ར་། ར་ཛ་བ་ཟི་སྲ་མ་ན་ཡ་ །ཨ་ཐ་ལོ་ཀ་བ་ལ་ (35) ་།

རྒྱལ་པོ་རྣམ་ཐོས་སྲས་ ། ལྷ་ཆེན་པོ་བརྒྱད་ལ་།

ཕྲ་ཐ་མ་བྲམ་མ་ ་། །འབྲི་སྐྲུ་། ན་ར་ཡ་ན

དང་པོ་ཚངས་པ་དང་བྲམ་ཟེ་། བྱ་བ་ནན་དན་།

་། མ་ཧེ་ཤྭ་ར་ ་། ཨཻན་ད་

གཞོ་ནུ་ཀར་ཏི་ཀ་། ལྷ་ཆེན་པོ་མ་ཧ་དེ་བ་། ལྷ་འི་དབང་པོ་

ར་ཛ་ ་། འཇམ་ར་ཛད་། (36) བྲི་ན་ཡ་ཀའ་ ་།

གྲུ་བྲིན་། ག་ཤིན་རྫེ་ ་། བགེགས་ཀྱི་རྒྱལ་པོ་།

ཀ་ས་འདེ་བ་ ་། པན་ཙ་མ་ཧ་འབུ་ད་

འགྲོ་བ་རིགས་དྲུག་སྐྱིད་པའི་རྩེ་མོ་། འབྱུང་བ་

་། ཕྲི་ཐི་བྲི་། ཨ་པ་། ཏེ་ཛའ་། འབ་ཡོ་ །། (37) རྒྱ་གར་སྐད་དུ་།

ཆེན་པོ་ལྔ་། སའ་ ། ཆུ་ ། མེ་ ། རླུང་ །

ཨར་ཏ་གྲུའ་ ། ཨ་བྲིང་ཏུ་ །། ཙན་ཏྲ་ ། ། སང་འག་

གཟའ་ཆེན་པོ་བརྒྱད་ །

ལ་ ། འབུ་དའ་ ། ། འབྲི་ཡ་སྤ་ཏི་ (38) ། ཤུ་ཀྲའ་ ། ས་ནི་ཙ་ར་ ། ། ར་ཧུ

III (39)
ལ་། ཨ་ཧྲ་ཀུ་ལ་ན་ག་ར་འཛ་ ། བ་སུ་ཀི་ན་མེ་ན་ག

ཀླུའི་རྒྱལ་པོ་ཆེན་པོ་བརྒྱད་ལ་།

(40)
ར་ཛ་ ། ། ཨ་ནནྟ་ན་མེ་ན་ག་ར་ཛ་ ། ཀུ་ལི་ཀ་ན་སྨྲི་ན་ག་ར་ཛ་ །

ཀར་ཀོ་ཊ་ན་མེ་ན་ག་ར་ཛ་ ། ། ཏག་ཤ་ཀ་ན་ག་ར་ཛ་ ། ། པུ་ཎྜ

(41)
རི་ཀ་ན་མེ་ན་ག་ར་ཙ་ ། ། ཤང་ག་ན་མེ་ན་ག་ར་ཙ་ ། ། པད་མ་ན

(42)
མེ་ན་ག་ར་ཛ་ ༎ ༎ ཨ་ཧྲ་བྱིང་ཤ་ཏི་ན་ཁ་ཏྲ་ ། ཨུ་ནན

རྒྱུ་སྐར་ཉི་ཤུ་རྩ་བརྒྱད་།

པན་ཙ་བ་ཡའི་ར་ཛ་ ། ། ཙོ་ཏུ་ཤར་ཏྲི་སྒེ་ག་ར་ཛ

རླུང་གི་རྒྱལ་པོ་བཞི་བཅུ་རྩ་དགུ་ ། སྤྲིན་གི་རྒྱལ་པོ

། ཤ་ར་ཨ་སིད་དྷི་ས་ཨ་སྲ་ ། ཪི་ཤི་ །

དྲུག་ཅུ་རྩ་བཞི་ ། རིགས་ཀྱི་བུ་དང་།

།

རིགས་ཀྱི་བུ་མོ་ཐམས་ཅད་འདུས་པ་སྟོང་ཕྲག་བརྒྱད་ཅུ་རྩ་དྲུག །

(43)
ད་ར་ཀ་སད་ད་ ། ཀོ་ཏི་ན་ ། ལག་ཁྲ་ཤ་ད་སྲ་ཧ་ཤ་ཏི་ད་ ། ཨེ་ཏེ་ཏེ་ །

(44)
ག་ག་ན་སན་དའ་ལ་ ། ། ནིར་སྒྲི་ད་ ། སྐར་མ་འབུམ་བརྒྱའ་ ། ཁྲི་ཕྲག

སྟོང་བརྒྱའ། ནམ་ཀའི་སྐར་མ་འི་གྲངས་ཚད་བར་རྫོགས། [45] ཏྲི་ཐ་དུ་ཀ

ཁམས་

། ཀ་མ་འཐ་དུ། རུ་པ་འཐ་དུ། ཨ་རུ་པ་འཐ་དུ །

གསུམ། འདོད་ཁམས། གཟུགས་ཁམ། གཟུགས་མེད་པའི་ཁམས།

། ཀ་མ་ཐ་དུ། [46] འབྲིང་སྲུགཨ་ནོ་སྤུ་ན། རུ་པ་ཐ་དུ། ཤ་པ་འདའ་ཤ།

འདོད་ཁམས་ ཉི་ཤུ ། གཟུགས་ཁམས་བཅུ་བདུན།

ཨ་རུ་པ་ཐ་དུ ། ཙད་པ་རི། འཐུ་ཏ། བྲ

གཟུགས་མེད་པའི་ཁམས་ བཞི ། དུས་གསུམ་ལ ། སྦྱ

ཏྲི་ཤ ། [47] ། བར་ཏ་བྲྷ་ན ། ཤ་ར་ཀ་ཏི་ཀ་རི་ལོ་

རབས་ འདས་པ་དང་ དའ་ལྟ་བཞུགས་པ་དང་།

ཀ་ཐ་དུ ། འདེ་བ་ཨ་སུ་ར་མ་ནུས་

འགྲོ་བ་རིགས་དྲུག་གི་དབྱེངས། ལྷ་དང་། མི་དང་། ལྷ

ན་ར་ཀ ཏྲི་ཇ་ཀ ། བྲེ་དའ ། [48]

མ་ཡིན་དང་། དམྱལ་བ་དང་། བྱོལ་སོང་དང་། ཡི་དགས་དང་། སྐྱེ་བ

། ཨ་ན་འཇ་ཏ་ཀ ། ཛ་ར་ཟའ་ཏ་ཀ ། ཨུ

རྣམ་བཞི་ལ། སྒོང་ལས་སྐྱེས་པ་དང་། གཟུགས་ནས་སྐྱེས་པ།

སྨ་འཛ་ད་ཀ་ ། ས་ཡ་འབུ་འཛ་ད་ཀ་

ཀྲོད་ག་ཤེར་ལ་སྐྱེས་པ་དང་།ཡིད་

།། སར་བ་དེ ། ཐ་བ་ར་ཞ་ང་མ་ །

ནས་སྐྱེས་པ་དང་ ། ད་དེག་ཐམས་ཅད་དང་ ། འགལ་བ་དང་ །

(49) ཛ་ཝི་བ་ ། ལ་ད་ཀུལ་མ་ ། ཨེ་དེ་དེ་འབུ་ད་ཀྲ་མ་ །

འགལ་དུ་སྐྱི་ནུས་པ་དང་ ། གཟུགས་

རིང་པོ་དང་ ། གཟུགས་སྦོམ་བ་དང་ ། དེ་དག་ཐམས་ཅད་འབྱུང་

དར་མ་ར་ཛ་ ། ཨ་དང་སར་བྲི་དེ་བ་ར་

བ་ཆེན་པོ་ལགས་སོ་ །

འག་ཐ་ །

། གཟུགས་ལ་ཆེ་བ་རྣམ་གསུམ་ལ་ །། བྱ་དང་ ། ཉ་དང་ ། སྦྲུལ

དང་གསུམ་ ॥ ॥ སྦྲུལ་པ་ཆེ་བ་དང། སྟོབས་ཆེ་བ་དང་ ། མཐུ་ཆེ་བ་དང་ །

མཁྲེན་པ་ཆེ་བ་ནི་ ། རྒྱ་གར་ཆོས་ཀྱི་རྒྱལ་པོ་ལགས་ ། (50) དེ་དག་ཐམས་

དར་ན་དར་དུ །ཨ་ཨ་ཞོད་སྦྲ་

ཅད་ནི་ཆོས་ཀྱི་རྒྱལ་པོ་བྱས་པ་ཡིན་ནོ་།ཆོས་ཀྱི་དབྱིངས་། མ་སྐྱེས་པ་ །

ན་།སྦྲ་བ་ དའ་ ། མ་ནུས་ ། འདེ་བ་འག་དེ་

མ་བྱུང་བ་ ། ཡེ་ནས་རྣམ་པར་དག་པ་ ། སྐྱེ་ལས་ལྷར་གྲུབ་པ་

བ་ར་འཀ་ད་ ། (51) དར་ར་ར་ཛེ་ །

རྒྱ་གར་ཆོས་ཀྱི་རྒྱལ་པོས་བསྟན་པ་ཡིན་ནོ་ ། ཆོས་

(52) ཀ་རུ་ཎ་ ། མ་འི་ཏྲི་ ། ། མུ་དི་ཏ་ ། ཨུ་པྲེག་ཤ་

ཀྱི་རྒྱུ་ནི་ ། ། བྱམས་པ་ ། སྙིང་རྗེ་ ། དགའ་བ་ ། གཏང་སྙོམས་ནི་

ཙ་ཏུར་འབར་མ་བྲ་ཧ་རི་ ། འདའ་ས་ཀུ་ས་ལ་ (53) ། ཀར་

ཚད་མེད་པ་བཞི་ ། དགེ་བ་བཅུ་དང་ །

མ་པ་ཐ་ །

ཕ་རོལ་ཕྱིན་པ་བཅུ་དང་ ། འདའ་ས་པ་ར་མི་ཏ་དགེ་བ་བཅུ་མཐར་ཕྱིན་པ་ །

འདའ་ས་པ་ར་མི་ཏ་ཤྲ་ཡ་ ། འདའ་ས་པ་ར་མི་ཏ་ཤུ་དི་ ། འདས་

གཙང་བ་བཅུ་དང

པ་ར་མི་ཏ་ན་ཡ་ (54) ། འདས་སུ་ཤྲི་ ། ཨི་ཤྭ་ར་

ཚུལ་ཁྲིམས་བཅུ་དང་ ། ས་བཅུ་དང་ ། དབང་ཕྱུག་ཆེན་པོ་

ན་ཐ་ ། འདས་སུ་ཤྲི་ཤྲ་ཏི་ཤྲི་དའ་ ། ། འདས་

དཔལ་མགོན་ ། ས་བཅུའི་དབང་ཐོབ་ ། །

ས་ཨ་ཀ་རུ་ IV (55) ། འདས་ས་ཨ་ཏ་ ། ཨ་ཏུ་

སྤྲུལ་པ་བཅུ་ ། དངོས་སྒྲུབ་བཅུ་ ། རང་དོན་

་། སྔུ་ཉིན་དོ་ ་། འདས་པ་ལོ་

དང་ཞན་དོན་གྲུབ་ ། ཐུབ་པ་དབང་པོ་ ། སྟོབས་བཅུ་འི་རིགས་འཛིན་གི་

་འབྲི་ཕྲུ་།། (56) །།བ་ཛ་ར་ར་ཛ་ཨ་བྲི་ཤ་ག་ །སྒྲི་དར་མ་ར་ཛ་

དངོས་གྲུབ་ཐོབ་།རྡོ་རྗེ་།རྒྱལ་པོའི་དབང་ཐོབ་པ་།དཔལ་ཆོས་ཀྱི་རྒྱལ་

་།ཨ་བྲི་ཤི་གི་ཏ་།། ཛྷ་བྲི་ཥྱི་ར་ ་།

པོ་།དབང་ཐོབ་པ་ ། རྒྱལ་པོ་ཛྷ་བྲི་ཥྱི་ར་དང་།རྒྱལ་པོ་དང་པོ་ར་མ་ན་

པ་ར་ས་ར་མ་། (57) སྦྲ་ཏ་ས་ཛྙ་ན་ ་།།ར་ཛ་

དང་ སྤྲུལ་པ་སྟོང་གི་རྒྱལ་པོ་དང་།རྒྱལ་པོ་

ར་མ་དེ་བ་ །།ར་མ་ན་།ར་མ་ར་ཛ་ ་། ཀར་ན་ར་ཛ་།

ར་མ་དེ་བ་དང་།།ར་མ་ན་དང་ ལག་ཤ་ན་།རྒྱལ་པོ་ཀར་ན་ ་།

(58) འབ་ལི་ར་ཛ་ ། འབྲིན་བའི་ས་ག་ར་ཛ་། ཙན་དྲ་

རྒྱལ་པོ་འབ་ལི་དང་ ། རྒྱལ་པོ་འབྲིན་བའི་ས་ག་ར་ཛ་། རྒྱལ་པོ་ཟླ་

པྲ་བྷ་ར་ཛ་ ། ཤྲི་བྲིག་ཀ་མ་བྲི་ཐ་ར་ཛ་། (59) མན་འད་ སྲི་

འོད་དང་ ་།རྒྱལ་པོ་འབྲིག་ཀ་མ་དི་ཐ་དང་ ། རྒྱལ་པོ་མན་དའ་ཏ་སྲི་

ར་ཛ་།། ཨ་དི་སྨུ་ཀུ་ཏི་ར་ཛ་། ཀ་མོ་ཛ་ར་ཛ་ །

དང་ །རྒྱལ་པོ་ཨ་དི་སྨུ་ཀུ་ཏི་དང་ །རྒྱལ་པོ་ཀ་མོ་ཛ་དང་ ། རྒྱལ་པོ་

ཨུན་མ་ད་ཀི་ས་རི་ར་ཛ་ ། ས་སང་ག་ར་ཛ་ ། (60) འདི་ཕྱིན་ཏེ་

ཨུན་མ་ཏི་གི་ས་རི་དང་ ། དུང་འཁྲུད་པའི་རྒྱལ་པོ་ ། ལྷའི་དབང་པོ་

ར་ཛ་ ། ར་སིན་ཏི་ར་ཛ་ །

ཐུབ་པའི་རྒྱལ་པོ་དང་ ། རྡོ་རྗེ་དབང་པོ་ཐུབ་པའི་རྒྱལ་པོ་ །

ཀ་ན་ར་དེ་བ་ར་ཛ་ ། ཀྲི་སྣ་ར་ཛ་ ། ། ས་ཁུ་ཁ་དེ་

རྒྱལ་པོ་ཀ་ན་ར་དེ་བ་དང་ ། རྒྱལ་པོ་ནག་པོ་དང་ ། རྒྱལ་པོ་

བ་ར་ཛ ། ། (61) དར་མ་སོ་ག་ར་ཛ་ །

ཧ་བདེ་བའི་གདན་དང་ ། རྒྱལ་པོ་དར་མ་ཨ་སོ་ག་དང་ ། རྒྱལ་

སྲི་ཧ་རི་སྲུ་ར་ཛ་ ། ཀར་ན་ག་ར་ཛ་ ། ཇྱིན་ཏྲ་བོ་དི་

པོ་སྲི་ཧ་རི་སྲུ་དང་ ། རྒྱལ་པོ་ཀར་ན་ག ། རྒྱལ་པོ་ཇྱིན་ཏྲ་བོ་དི་

ར་ཛ་ ། ཨེ་ཏེ་ཏེ་ཕྲག་ཁྲུ་དའ་ ། ཁ་ར་ཀ་ (62) ཐུང་ག་ར་ཛ་ །

དང་ ། རལ་གི་ཉན་བཏུབ་པའི་ རྒྱལ་པོ་ །

ཨག་ཉ་ཙག་ཀྲ་བར་ཏི་ར་ཛ ། དར་མ་ཙག་ཀྲ་བར་ཏི་

འཁོར་ལོ་[ཉན་བཏུབ་པའི་]རྒྱལ་པོ་དང་ ། ཆོས་ཀྱི་འཁོར་ལོ་རྒྱུར་

ར་ཛ་ ། ཕྲིད་ཉ་ད་ར་ཙག་ཀྲ་བར་ཏི་ར་ཛ་ (63)

པའི་རྒྱལ་པོ་དང་ ། ལྷ་ཕྲིན་ཐུབ་པའི་

་།ཧ་ར་ཙན་དྲ་ན་སྐྱི་ར་ཛ་ ་།ཁ་

རྒྱལ་པོ་། རྒྱལ་ས་གྲུབ་པའི་རྒྱལ་པོ་དང་།རལ་

ར་ཀ་ཙ་ཙག་ཀྲ་བར་ཏི་ར་ཛ་ ། ཙན་དྲ་གོ་སྐྱི་ར་ཛ་

གི་འཁོར་ལོ་སྒྱུར་བའི་རྒྱལ་པོ་དང་། དགེ་བསྙེན་ཟླ་

་།[64]ཨེ་དྲེ་དེ་ར་ཛ་ཤི་ད་། བ་ད་བྲུ་ད་ཧ་ནུ་མན་དྲ་ར་ཛ་

བའི་རྒྱལ་པོ་དང་།

་།།འདད་སྦྲ་ཀྲི་བ་ར་མ་ན་།རག་ཀ་ཤ་ར་

སྤྲེའུ་གི་རྒྱལ་པོ་ཧ་ནུ་མན་ད་། སྲིན་པོའི་རྒྱལ་

ཛ་ [65]་།བོད་འཕྲུལ་གི་རྒྱལ་པོ་དགྱིག་གསུམ་པ་དང་།

པོ་ལང་ཀ་འགྲིན་བཙུ་ །

སྲོང་བཙན་སྒམ་པོ་ ། དང་ །། བཙན་པོ་ཁྲི་སྲོམ་ལྡེམ་[66]བཙན་དང་ །།

བཙན་པོ་ཁྲི་གཙུག་ལྡེ་བཙན་ །། བཙན་པོ་རལ་པ་ཅན་དང་ ། དེ་དག་

ཐམས་[67]ཅད་ཀྱང་ཐེག་པ་ཆེན་པོའི་ཆོས་སྐྱོང་པ་ ། བཙན་པོ་ཁྲིས་ཀྱི་ཡིང་

དང་།སྲས་ཆེ་བ་པལ་བྱིན་མགོན་དང་།།བཀྲ་ཤིས་[68]མགོན་དང་།།ཡིག་

གཙུག་མགོན་དང་ །། བཙན་པོ་བཀྲ་ཤིས་རྩེགས་པ་དཔལ་དང་ །།

དཔལ་ལྷ་དང་ [(69)] ། ཙ་ལྷ་དང་ །། འཁྲི་ལྷ་དང་ །། བཙན་པོ་བཀྲ་ཤིས་

མགོན་པོ་དང་ །། ཅན་པོ་ཨ་ཙ་ར་དང་ ། འཁྲི་ལྷ་མགོན་དང་ །

[(70)] ལྷ་ཅིག་ཅག་ཤེ་དང་ ། དེ་དག་ཐམས་ཅད་ཀྱང་ཐེག་པ་ཆེན་འི་དབང་

ཐོབ་པ་ཡིན་ནོ་ ། [(71)] དབང་བསྐྱིད་པའི་སློབས་དཔོན་ལ་ །། དར་མ་ར་ཛ་ །

།སྐྱི་དང་ལྷ་དང་དབང་བསྐྱིད་པ་ལ་།སྤྱན་རས་གཟིགས་ [(72)] དབང་ཕྱུག་དང་ །།

སངས་རྒྱས་ཐམས་ཅད་ལ་དབང་བསྐུར་བ་ནི་ །། འཇམ་དཔལ་གཞུ་ནུ་ །།

[(73)] སྐྱི་ལ་དབང་བསྐུར་བ་ནི་ །། སློབས་དཔོན་ཐི་ར་མ་ཏི་དང་ །། རྒྱལ་པོ་པ་

སུ་བན་དུ་དང་ ། ཀྵ་ཡུ་མ་ཏ་སངང་ག་དང་ ། [V (74)] མདོ་སྡེ་དང་ ། འདུལ་བ་དང་ །

མངོན་བ་གསུམ་བྱས་པ་ཡིན་ནོ་ ། ། དེའི་འོག་ཏུ་སངས་རྒྱས་ཤག་ཐུབ་

པ་དགོངས་པ་གྲུབ་པའི་དུས་ན་ །། [(75)] ལྷ་དང་ ། སྐྱི་དང་ །། ལྷ་མ་ཡིན་དང་ །

འགྲོ་བ་རིགས་དྲུག་ལ་དང་ ། ཐམས་ཅད་ལ་དབང་བསྐུར་བ་ནི་ [(76)] ། སངས་

རྒྱས་ཤག་ཀྱ་ཐུབ་པ་ལགས་སོ་ །། ཤག་ཀྱ་མུ་ནི་པ་རི་ནི་རི་པ་ན་

ཤག་ཀྱ་ཐུབ་པ་མྱ་ངན་ལ་འདས་པའི་

་༎མ་ཧ་ཡ་ན་དར་མ་དར་དུ ་། (77) ཨ་དི་ཐ

དུས་ན་། ཐེག་པ་ཆེན་པོ་འི་ཆོས་ཀྱི་དབྱིངས་ལ་། ཆོ་རབས་སྨྲ་མ་དང་།

ཨ་ན་ཀ་ད་པར་དྲུ་ཙུ་ད་བན་ན ་། འབུ་ད་བོ་དི་སྭད་དྭ

ཆོ་འདི་དང་། ཆོ་ཕྱི་མ་དང་། སངས་རྒྱས་དང་།

་། ས་ཐེ་དེ་མ་ཧ་ཡ་ན ་། ཙཻ་ཏོ་ད་པ

བྱང་ཆུབ་སེམས་པ་དང་། ཐེག་པ་ཆེན་པོའི་ཆོས་ལ་།

དའ་། (78) ས་ཐ་ད་ཨ་སྟེ་། ཨ་ནོ་ད་ཡང་སམ་བྱུག་སམ་འབུ་དི

བླ་ན་མེད་པའི བྱང་ཆུབ་ཀྱི་དངོས་

་། ཨ་བྲི་ཤི་ག་ར་ཛ་། ཨ་ཛ་ན་ག་ཛུ་ན་། ཉ་ན་། ཀུ་ཀུ་ར་

སྒྲུབ་ཐོབ་པ་།

(79) ཙ་། ཤག་ཀྱ་ཐུབ་པ་མྱ་ངན་ལ་འདས་པའི་དུས་ན ། དབང་གི་སློབས་

དཔོན་ནི་འཕགས་པ་ཀླུན་སྒྲུབ་སྙིང་པོ ། ། (80) ཁྱིའི་རྒྱལ་པོ་ཀུ་ཀུ་ར་ཙ་

དང་ ། ཉན་བའི་སློབ་མ་ནི་དར་མ་ཨ་སོ་ཀ་དང་ ། ཤི་རི་ཧ་རི་ཤ་

དང་ ། ། (81) རྒྱལ་པོ་ཀ་ན་ཀ་ར་ཙ་དང་ ༎ རྒྱལ་པོ་ཡིན་དྲ་བོ་དི་དང་ ། །

འགོ་བ་དེ་བེ་དང་ ། ། སྲས་ཤག་ཀྱ་བོ་དེ་དང ། དེ་འདྲ་བའི་རྒྱལ་པོ་

གྲངས་མེད་པས་[82]དེ་ལྟར་དབང་མནོད་ནས་ ། བསྐྲུབས་ནས་ ། །
༎ དབང་ཐོབ་པའི་དོན་ཅེད་ལ་ ། ། བསོད་ནམས་ཀྱི་ཚོགས་དང་ ། ཡེ་
ཤེས་ཀྱི་ཚོགས་གི་[83]འབྲས་བུ་ལ་ ། ། མངོན་བར་ཤེས་པ་ལྔ་དང་ལྡན་ །
སྐུ་གསུམ་ཐུགས་ཀྱི་འབྲས་བུ་དང་ལྡན་ ། ། ཆོས་ཀྱི་དབྱིངས་ཐམས་
[84]ཅད་མཁྱེན་པའི་ཡེ་ཤེས་དང་ལྡན་ ། ཨ་བྷྲི་ཤ་ཀ་བྷུ་ན་སམ་བ་ར་ ། །

ཡ་ན་སམ་བ་ར་ ། ། པན་ཙ་ཀ་ཡད་མ་ཀ་ · ། པན་ཙ་
སྐུ་ལྔ་དང་ལྡན་ །

[85]ཙག་ཁ་ · ། པན་ཙག་ཀུ་ན་ · ། པན་ཙ་
སྤྱན་ལྔ་དང་ལྡན་ ། ཡེ་ཤེས་ལྔ་དང་ལྡན་ །

ཨ་བྷྲིད་ཉ་ · ། པན་ཙ་ཤག་ཀན་ད་ · ། པན་
མངོན་བར་ཤེས་པ་ལྔ་དང་ལྡན་ ། ཕུང་པོ་ལྔ་དང་ལྡན་ །

ཙ་ཀ་མ་ · ། [86]པན་ཅེན་འདྲི་ཡཱ་ · །
འདོད་པའི་ཡོན་ཏན་ལྔ་དང་ལྡན་ ། དབང་པོ་ལྔ་དང་ལྡན་ །

པན་ཙཾ་ཕྲིད་ཉ་ · ། པན་ཙོ་ཨ་ཀ་ར་
རིག་པ་ལྔ་དང་ལྡན་ ། བྱང་ཆུབ་སེམས་རྣམ་ལྔ་

་། པན་ཙི་ཁ་ཁ་ཤ་ད་ ་། པན་ཙི་ཀུ་ལ་

དང་ལྡན། དེ་བཞིན་གཤེགས་པ་ལྔ་དང་ལྡན། རིགས་ལྔ་

(87)

་། པན་འདྲི་བྱུང་བ་དའ་ ་། ཏྲི་ཁ་ཏུ་ཀ་ར་ཛེ་

དང་ལྡན། ཡུམ་ལྔ་དང་ལྡན། ཁམས་སུམ་

་། ཨ་ཧྲ་མ་ཧ་སིན་དྷི་བྲ་

རྒྱལ་པོ་བསྒྲུབ་པ་དང་ལྡན། དངོས་སྒྲུབ་ཆེན་པོ་བརྒྱད་

བ་དའ་ ་། ཨ་ཀ་ར་དི་ ་། ཁ་ཁྲ་ར་ཎི་།

གྲུབ་པ་དང་ལྡན། རྣམ་སྦྱོར་ཚོགས་དང་ལྡན།

པ་རི་ཕུ་རྩུ་ན་ ་། ཨ་སིད་དྷི་ཏྲིན་འཛ་ན་

རྫོགས་པ་ཆེན་པོ་དང་ལྡན། དབྱེ་བྱུང་བཟང་པོ་

(88)

་། ཡང་ཀྲི་དའ་། འདའ་བ་ཧྲིང་སད་ཏ་ལག་ས་ན་

བརྒྱད་ཅུ་དང་ལྡན། མཚན་བཟང་

འད་ར་ཀན་དི། པན་ཙ་འབྲུ་

པོ་སུམ་ཅུ་རྩ་གཉིས་དང་ལྡན། རིགས་ལྔ་ སངས་

ཏ་མ་ཀུ་ཏ་ ། ཏྲི་ཡ་ཤོ་ཀ་སུ་ན་ར་

རྒྱས་དབུ་རྒྱན་དང་ལྡན། ཁམས་ སུམ་དངོས་སྒྲུབ་ཐོབ་པའི་

(89)
འབྲུ་དོ་ཤང་
དཔང་དང་ལྡན་ ། བདག་དང་སངས་རྒྱས་མཐའ་ཡི་དད་པ་
པ་ཛྲ་ར་འདད་རོ་ཤང་ ། ཏན་ཏྲེ་སིད་དི་
དང་ལྡན་ ། ལག་ན་རྡོ་རྗེ་དང་ལྡན་ ། རྒྱུད་ཀྱི་དངོས་
། མན་དྲ་སིད་དྷི་ ། འགྲུ་ན་སིད་དི་
གྲུབ་ ། ཐུགས་ཀྱི་དངོས་གྲུབ་ ། ཡེ་ཤེས་ཀྱི་དངོས་གྲུབ་
(90)
། འདུ་ན་སིད་དི་ ། ར་ས་སིད་དི་ ། ཕྱིན་འད་སིད་
དང་ ། བསམ་གཏན་སྒྲུབ་པ་ ། བདུད་རྩི་ བསྒྲུབ་པ་ ། སྐུའི་ དངོས་
དྷི་ ། འགུར་དི་ཀ་སིད་དི་ ། པ་དའ་ལི་པ་
སྒྲུབ་ ། སྨན་གྱི་འབྲས་བུ་དངོས་གྲུབ་ ། ཀང་མགྲོགས་
ན་སིད་དྷི་ ། ཨ་འཛ་ན་སིད་དི་ (91) ། ཁ་ར་ཀ་སིད་དི་ །
ཀྱི་དངོས་གྲུབ་ ། དགྱེག་སྨན་གྱི་དངོས་གྲུབ་ ། རལ་གྱི་དངོས་གྲུབ་ །
མ་ནོ་ཛ་བ་སིད་དི་ ། ཨི་པི་ཙ་ཀ་ཤྱི་ཀ་སི་ད་དི་
ཉི་མ་ཟླ་བའི་དངོས་གྲུབ་ །
། ཨག་ཉ་སིད་དི་
ཐུགས་ལ་ཏི་འདོད་པའི་དངོས་གྲུབ་ ། བཀ་ལུང་ཉན་བར་

་། ཁ་ཉི་བ་ལ་སིད་དྷི་ (92) འབྲི་ལ་སིད་དྷི་

གྲུབ་པ་། ས་འོག་གི་གཏེར་ཞེས་པར་གྲུབ་པ་། ལྷ་མ་

བ་ཤི་ཀ་ར་ཎ་སིད་དྷི་

ཡིན་གི་སྒྲ་སྒྲུ་བའི་དངོས་གྲུབ་། ཀུན་དགེས་པའི་

འ༡ཛམ་བ་ལ་སིད་དྷི་ ་།། བ་སུ་དྷ་ར་སིད་དྷི་

དངོས་གྲུབ་།། ནོར་གི་ལྷ་འི་དངོས་གྲུབ་ཐོབ་། རིག་

བ་གྲི་སྲི་སིད་དྷི་

པའི་རྒྱལ་མོ་འི་འབྲུའི་དངོས་གྲུབ་། ཆོས་ཐམས་ཅད་ཡི་

(93) འབྲི་ད་ར་ཀ་སིད་དྷི་ ་།འདི་

ནས་མཁྱེན་པར་སྒྲུབ་པའ་།ཆེན་པོ་གཞི་ནུར་བྱེད་པའི་དངོས་གྲུབ་།

ཪི་ཁ་ཨ་ཡོ་སིད་དྷི ་། ཨ་དྷ་མ་ཏ་པ་ཡ་ན་སྭི

ཆེའི་དངོས་གྲུབ་། འཛིགས་པ་བརྒྱད་ལས་ ཐར་པའི་

ཨ་པ་ར་སིད་ད་སིད་དྷི་ ། །

དངོས་གྲུབ་། སྒྲ་གཉོན་བའི་དངོས་གྲུབ་།

VI (94) ཨ་སིད་དྷི་བྲི་འཛ་ན་། ཀ་ཁ་ག་འག་ང་། ཅ་ཚ་ཛ་འ༡ཛའ༡ཉ་།

ཊ་ཋ་འ¹ཌ་ཌ་ཌྷ་ །[95] ཊ་ཋ་ཌཌ་ཋ་ཎ་ ། པ་ཕ་འ¹བ་བ་མ ། ་འ¹ཞ་ར་ལ་
འ¹ཥ་ས་ས་སཧ་ཁྱའ་།[96] «དྷི»། ཀ་ཀ་། ཀི་ཀི་། ཀུ་ཀུ་། ཀེ་ཀའི¹་། ཀོ་ཀའུ¹་།
ཀང་ཀ་། «དྷི»། ཀྲུ་ཀ་ས་ར་། ཀ་ཀ་སྲུ་ར་།[97] ཀུམ་བ་སྭ་ར་། ཀྱེ་ག་སྭ་ར་།
ཀྱུར་ཀྲ་སྭ་ར་། «དྷི»[98]། སི་དྡྷི་། ར་སྟུ་། ཨ་ཨ་། ཨི་ཨི་། ཨུ་ཨུ་། རྀ་རྀ་།
ལྀ་ལྀ་། ཨེ་ཨའི¹། ཨོ་ཨའུ¹། ཨམ་ཨཿ[99]། ས་ར་། ཨ་ནག་ཁྲ་ར་ །།
།། ཀ་ཡ་བ་ག་ཙཻད་ད་ །། ཀ་ཀ་སུམ་ཅུ་རྩ་བཞི་དང་[100] །། ན་སྟག་བཅུ་
གཉིས་དང་ །། སྔགས་ཉི་ཤུ་དང་།།དབྱངས་ལྔ་དང་[101]།།ཡི་གེ་ཀྱི་བདུན་
པ་དྲུག་ ། དང་ །། སྐུ་གསུམ་ཐུགས་དང་ ། ། དེ་ཉི་པེ་ཁྱད་[102] ། བཟང་པོ་
བརྒྱད་ཅུ་འོ་ །། །། འདའ་བ་དིང་སད་ད་ལག་ཤ་ན་ ། ད་ར་གན་དྷི་ །།
[103] །མཚན་བཟང་པོ་སུམ་ཅུ་རྩ་གཉིས་ནི། ཨ་ལི་ཀ་ལི་[104]། མ་ཏྲ་ཡོ་གའི¹་རྩ་བ་
འདི་ཡིན་ནོ་ །། །། དར་མ་སྡུ་དྲ་དང་ ། ཀར་མ་སྡུ་དྲ་[105]། ས་མ་ཡ་སྡུ་དྲ་ །
མ་ཧ་སྡུ་དྲ་ ། བོད་སྐད་དུ་ཆོས་ཀྱི་ཕྱག་རྒྱ་དང་ ། ལས་ཀྱི་ཕྱག་རྒྱ་དང་[106] །
ཕྱག་རྒྱ་ཆེན་པོ་དང་ ། དེ་རྣམས་ནི་ཕྱག་རྒྱ་ཆེན་པོ་བཞི་འོ་ །།[107] ཐེག་པ་

ཆེན་པོའི་བདེན་པ་རྣམ་བཞི་དང་ ། སྔགས་དང་ ། ཕྱག་རྒྱ་དང་ ། དེ་ངེ་

[108] འཛིན་གསུམ་དང་ ། གསང་བའི་ཡུམ་བཞི་དང་ ། ཐབས་དང་ཤེས་རབ་

ལས་[109] བསྒྲུགས་དེ་ ། རྣམ་སྦྱོར་གྱི་ལྷ་བ་ལགས་སོ་ ༎ ཀ་ཙོད་ད་ཙ་ད་

[110] ། ཀ་ཙོད་ད་ཕའ་ཌ་ ་།

རེས་ཀ་ཡིག་ཕྲུག་དང་འདྲ་། རེས་ཀ་བྲམ་ཟེ་དང་འདྲ་།

ཀ་ཙོད་ད་བྲ་བད་འཛེ་དོ་ན་ར་ ་། ཀ་ཙོད་བ་ཛ་

རེས་ཀ་དགེ་སློང་དང་འདྲ་ །

མེ་ཀྲི་ཡ་ ་། ཀ་ཙོད་ད་མེ་ཙུ་ན་ག་དའ་[111]

རེས་ཀ་གདམ་མང་དུ་སྨྲ་ ། རེས་ཀ་ཅང་

་། ཀ་ཙོད་ད་ཨེ་ཀ་ཏི་ལ་ཡ་

མི་སྨྲ་ ། རེས་ཀ་ནི་ས་ཅིག་ན་འདུག་ ། །གར་ཡང་

. ། ཀ་ཙོད་ད་ཙན་ཙ་ལ་ཀ་དེ་ ་། ཀ་ཙོ་

མི་འགྲོ་ ། རེས་ཀ་ཀུན་དུ་འཁྱབ་པར་འགྲོ་ །

ད་ཐུའུ་[112] ལི་མ་ལ་ན་ ། ཀ་ཙོད་ད་སེའུ་ཙོ་སྣ་ན་

་། རེས་ཀ་སྣ་ཚོགས་ལུས་ལ་སྒྱུ་ ། རེས་ཀ་ནི་དྲི་ཞིམ་པོ་

་། ཀ་ཅོད་དྲ་བྲིད་དྲུ་སི་ ་། ཀ་
ལ་ཁྲུས་བྱེད་། རེས་ག་ཟ་བ་སྣ་ཚོགས་གསོལ་།

ཅཻད་དྲ་སྐྱི་ཆ་ཛཻ་བྲིད་དི་ VII (113) །ཀ་ཅོད་དྲ་ཀན་འདད་ན་ཡོ་ན་
རེས་ག་དྲི་ཞིམ་རྒྱ་ཟ་།

་། ཀ་ཅོད་དྲ་འགི་དི་ཀ་བ་ཙ་ན་ ་། ཀ་ཅོད་དྲ་
རེས་ག་ནི་རུ་། རེས་ག་ནི་སྤྲུངས་དང་རོལ་མོ་བྱེད་། རེས་ག་གཤིན་ཛེ་

ར་ཁ་ས་ས་མ་ (114) །ཀ་ཅོད་དྲ་ཀ་རུ་ན་ཨད་མ་ཀ་ ་།ཀ་ཅོད་དྲ་
སྲིན་པོ་དང་འདྲ་།རེས་ག་ སྙིང་རྗེ་ ཀུན་ལ་བྱམས་། རེས་ག་

ཨན་དྲ་བ་དྲ་ ་། ཀ་ཅོད་དྲ་འགྲུ་ནི་ཨེ་ཀ་ཙ་བྲུ་མ་ལ་
ཡོང་བའི་ཚུལ་དུ་སྟོན་། རེས་ག་དྲི་

(115) ཤ་ཏྲ་ཤ་།།
སྲིད་སྤྱན་ཅིག་བཞི།ཁམས་གསུམ་ཀུན་ཀྱང་ས་ཡེར་སྣང་།

ཀ་ཅོད་དྲ་འབ་ཧེ་ར་བད་དྲ་།ཀ་ཅོད་དྲ་བ་གི་ཥ་ར་ས་བྲི་ཤ་ །ཀ་ཅཻད་
རེས་ག་དོག་པ་དང་འདྲ་ །རེས་ག་གསུང་གི་དབང་ཕྱུག་འདྲ་།རེས་

དྲ་ཀླུ་ལ་བ་དྲ་ ་ । (116) ཀ་ཅོད་དྲ་འདོ་པི་སྟོ་དྲུ་ཤ་འདི་ས
གདོན་བའི་ཚུལ་དུ་གནས་ ། རེས་ག་ལྷ་འི་སྨྲ་སྐད་ སྣ་

· | ཀ་ཙོད་ད་ན་ན་ཙྪ་ཕ་ཐ་ར་འཇོ་གི་པ་རི་ཙ་

ཚོགས་ཐོས་པ་འདྲ་ |

རན་དེ་

རྣམ་སྤྲུར་སྤྱོད་པ་ཅིར་ཡང་མ་ངེས་སྟེ་ | རིས་ག་ནམ་ཀ་ཀུན་

· | མ་ཧི་ད་ལི་ |

ད་ཁྲབ་པར་གནས་ | ཇོགས་ ||

[117] རྒྱ་གར་ཆོས་ཀྱི་རྒྱལ་པོའི་སྲས་ | དེ་བ་པུ་ད་ཆོས་ནི་མ་བསླབས་
པར་རང་ཞེས་ [118] || འཕགས་པ་སྤྱན་རས་གཟིགས་ཀྱི་དབང་ཕྱུག་གྱི་དངོས་
སྤྲུལ་ནི་བརྟེས་ || བོད་ཡུལ་ད་ག་ཞེས་ [119] དེ | བོད་ཀྱི་ལྷ་བཙན་པོ་ཐམས་ཅད་
ལ་ | ཆོས་བ་ཞད་ཅིང་དབང་བསྐུརས་ || གངས་དི་སི་ལ་བསྒོན་ [120] བསྒྲུབ་
ཟབ་མོར་བགྱིས་ | | མཆོམ་འཕང་ལ་འཕྲུལ་བཀྱིས་ནས་ || ཆོས་
འཁོར་བསམ་ཡས་སུ་ [121] གདན་ག་ཞགས་ | བཅོམ་ལྡན་འདས་ཀྱི་རིང་
ལུགས་དང་ || དབས་རྒྱལ་བ་ཡེ་ཞེས་དང་ | མཁས་བཙུན་མང་པོ་ [122]
གིས་ | | དགེ་འདུན་སྡེ་གཉིས་གིས་ | མཆོད་གནས་ཆེར་མཛད་ |

བང་ཆེན་དང་། རིམ་མགྲོན་[123]བགྱིས་ནས་ ། ། རྒྱ་ཡུལ་དུ་བསྐྱལ་ ། ། རྒྱ་རྗེ་
དང་། རྒྱ་བློན་མང་པོས་མཆོད་གནས་ཆེར་བགྱིས་ ། ། རེ་བོ་རྩེ་[124]ལྔ་ལ་ །
འཕགས་པ་འཇམ་དཔལ་གྱི་ཞལ་མཐོང་ ། ། སླར་རྒྱ་གར་ཡུལ་དུ་
གཤེགས་པའི་[125]ཤུལ་ཀར་ ། ། སུག་ཙུར་གདན་གཤེགས་ ། ཡུལ་དཔོན་
དང་། དགེ་འདུན་སྡེ་གཉིས་དང་ ། ། རྣལ་འབྱོར་[126]འཕྲེང་ཐོགས་གི་སྡེ་དང་ ། །
སུག་ཙུ་ཡོན་བདག་ཐམས་ཅད་ཀྱིས་ ། མཆོད་གནས་ཆེར་བགྱིས་ ། །
[127]སློབས་དཔོན་ཐུགས་དགེས་ནས་ ། ། ཐེག་པ་ཆེན་པོ་འི་ཆོས་བཀ་ཙལ
། ། [128]གླང་གི་ལོ་དབྱིད་སླ་ར་བའི་ཚེས་ཉི་ཤུ་གསུམ་གི་གདུགས་ལ་ །
། འབོག་རྡོ་རྗེ་རྒྱལ་པོ་དང་ [129]། ། སྐྱུ་ཐུད་ཡང་ཨ་དགེ་དང་ ། ། རྣལ་སྦྱོར་
སློབས་དཔོན་སྡེ་ལ་ ། ། རྡོ་རྗེ་རྒྱལ་པོའི་དབང་ལུང་[130]རྫོགས་པར་སྩལ་ །
། ། སྔགས་དང་ཕྱག་རྒྱ་མན་ངག་གདན་ལ་ཕབ་པ ། ། རྫོགས་ ། །

[131] ། ། འགྲོ་དཀོན་མཆོག་དཔལ་གྱིས་བྲིས་པ་ ། །

Imprimerie W. Drugulin, Leipzig

III

TEXTE EN TRANSCRIPTION

3

Feuillet 1 1 (l. 1)

rnam-pa-gčig-tu | na-mo-'bu-tha-yā |

saṅ-rgyas[1]*-la 'phyag*[2]*-'chal-lo* |

na-mo-dar-ma-yā | na-mo-saṅ-ga-yā

čhos-la phyag-'chal-lo | *dge-'dun-la*

(l. 2)

| na-mo-rad-na-tra-ya-yā ||

phyag-'chal-lo | *dkon-mčhog-gsum-la phyag-'chal-lo* ||

dkon | na-mo-sar-ba-ag-ña-ya |

thams-čad-mkyen-pa-la phyag-'chal-lo |

'bu-tha-sa-yam-'bu-tha | pan-ci-'bu-tha'[2]

raṅ-byuṅ-saṅ-rgyas[1] *daṅ* |

(l. 3)

| tad-tha-ta 'bu-tha

raṅ-bžin-gi saṅ-rgyas | *ye-nas-saṅs-rgyas-pa*

| śi-da' | 'bu-da'

daṅ | *byaṅ-čhub-sems-pa*[1] *daṅ* | *grub-pa'i saṅ-rgyas*[2]

'bu-de | śa-ba-ta | ta-tha-ga-ta 'bu-tha |

rab bdun daṅ | *de bžin-gšegs-pa saṅ-rgyas*[3] *daṅ* |

Feuillet 1 (l. 1)

Namobuddhāya — Namodharmāya — Namosaṃghāya — Namo-(l. 2)ratnatrayāya — Namosarvajñāya — Buddhasvayambhūta — Pañci-buddha — (l. 3) Tathatābuddha — Siddhabuddha — Buddhesapta — Tathāgatabuddha —

[1] Les chiffres arabes renvoient à la rubrique V.

su-ga-ta-'bu-da' | (l. 4) a-ran-ta-'bu-ta[1]
bde-bar gśags-pa[4] saṅs-rgyas daṅ | raṅ-saṅ-

| 'byi-ta-ra-ga-'bu-tha
rgyas[2] daṅ | sgra-bčom-pa[3]-saṅ-rgyas[4]

| a-rǰya-'bu-tha[5] | sra-ba-ka-'bu-ta |
daṅ | 'phags-pa'i saṅs-rgyas daṅ | ñan-thos-kyi̥ saṅs-rgyas daṅ |

prad-ti-ka-'bu-tha[6] | (l. 5) sam-myag-
mdo-sde'i saṅs-rgyas[7] daṅ |

sam-'bu-tha[1] |
bla-na-myed-pa'i byaṅ-čhub-kyi saṅs-rgyas daṅ |

'bu-tha-'bu-tha-ku-na | cad-ba-ri-
saṅ-rgyas daṅ saṅ-rgyas[2] kyi yon-tan daṅ |

saṅ-skri-ta[3] | (l. 6) ar-rta-bya-ka-ra'-na[1]
skad-zur-bži-cam | bya-ka-ra-ṇa sde

| sro-ra-sa-brya-ka-ra-na[2] | cha-da-ra-
brgyad | bra-ka-ra-na bču-drug daṅ |

sa-na[3] | cha-ta-ra-ka |
čhos-kyi sgo-drug daṅ | gtar-ka drug daṅ |

ca-tu-ra-sid-ti-dar-ma-ča-pa-ka-na[4]
čhos-kyi sgo-mo brgyad-khri̥-bži-

(l. 3) Sugatabuddha — (l. 4) Arhan(ta)buddha — Vītarāgabuddha — Ārya-buddha — Śrāvakabuddha — Pratyekabuddha — (l. 5) Samyaksaṃbuddha — Buddhabuddhaguṇa — Catvārisaṃskṛta — (l. 6) Aṣṭavyākaraṇa — Ṣoḍaśaprakaraṇa — Ṣaḍdarśana — Ṣaṭtarka — Caturaśītidharmacakranāmā (?) —

| (l. 7) na-va-kra-ma |
stoṅ(5) *daṅ* | *theg-pa*(1) *rim-pa dgu daṅ* |

cha-ti-śa-zo-ga tan-tra |
rgyud-čhen-po(2) *sum-ču-rca-drug daṅ* |

theg-pa-rim-pa-dgu-gaṅ-la bya-že-na | myi'i theg-pa daṅ |
(l. 8) lha'i theg-pa daṅ | ñan-thos-kyi theg-pa daṅ | raṅ-saṅ-rgyas-
kyi(1) theg-pa daṅ | mdo-sde'i theg-pa daṅ | byaṅ čhub-sems-
(l. 9) pa'i(1) theg-pa daṅ | mjoga daṅ | kyḭr-ya daṅ | u-pa-ya daṅ |
de-rnams-ni theg-pa rim-pa dgu-la bya | (l. 10) 'jo-ga-la yaṅ rnam-
pa bži | 'jo-ga daṅ | ma-ha 'jo-ga daṅ | a-nu-'jo-ga daṅ |
a-ti-'jo-ga daṅ | bži | (l. 11) kḭr-ya-la rnam-pa bži ste | ñan-thos-ki
kir-ya daṅ | raṅ-saṅs-rgyas-kḭ kḭr-ya daṅ | mdo-sde'i kir-ya
(l. 12) daṅ | byaṅ-čhub-sems-pa'i kir-ya daṅ | bži | u-pa-ya
rnam bži-la | ñan-thos-kyi 'bras-bu thob-pa daṅ | (l. 13) raṅ-saṅs-
rgyas-kyi 'bras-bu thob-pa daṅ | byaṅ-čhub-kyḭ 'bras-bu
thob-pa daṅ | mdo-sde'i 'bras-bu daṅ bži | (l. 14) cha-ti-śa-zo-ga-

tan-tra | tan-tra ma-ya
rgyud čhen-po(1) *sum-ču-rca-drug gaṅ-la bya* | *rgyud sgyu-'phrul*

'ja-la | sri-sma-ja tan-tra |
dra-ba daṅ | *dpal thams-čad*(2) *'dus-pa'ḭ rgyud daṅ* |

(l. 7) Navakrama — Ṣaṭṭriṃśatyogatantra — (l. 14) Ṣaṭṭriṃśatyogatantra — Tantramāyājāla — Śrīsamājatantra —

be-ro-ja-na-ma-ya-jva-la tan-tra

rnam-par snañ-mjad rgyud sgyu-'phrul dra-ba dañ |

(l. 15) man-ju-sri-ma-ya-jva-la tan-tra

'jam-dpal ye-śes sems-pa'i(1) *rgyud sgyu-*

| lo-ke-śva-ra(2)ma-ya jva-la tan-tra

'phrul dra-ba dañ | *spyan-ras gzig dbañ-phyug-*

| ba-jra svad-tva ma-ya jva-la

gi rgyud sgyu-'phrul dra-ba dañ | *rdo-rje-sems-pa'i*(3)

tan-tra | (l. 16) de-bye ma-ya jva-la tan-tra

rgyud sgyu-'phrul dra-ba dañ | *lha-mo rgyud*

| ga-ya ba-ga cid-da tan-tra |

sgyu-'phrul dra-ba dañ | *sku gsum*(1) *thugs-gi rgyud gsum dañ* |

ga-ya tan-tra(2) sa-rba 'bu-ta sa-ma-jo-ga

sku'i sbyor-ba thams-čad sañs-rgyas-ki rnam-sbyor-gi

(l. 17) | ba-ga tan-tra | 'gu-ya-ti-la-ka |

rgyud | *gsuñ-gi 'gel-pa*(1) | *zla*(2) *gsañ thig-le rgyud* |

cid-ta tan-tra | 'gu-jya sa-ma-ja |

thugs-kyi thigs-pa(3) *rgyud* | *gsañ-ba 'dus-pa dañ* |

mu-la tan-tra | a-mo-ga-pa-sa (l. 18) tan-tra |

rca-ba'i rgyud dañ | (l. 17) *rgyud thabs*(4)*-kyi žags-pa* |

(l. 14) Vairocanamāyājālatantra — (l. 15) Mañjuśrīmāyājālatantra — Lokeśvaramāyājālatantra — Vajrasattvamāyājālatantra — (l. 16) Devīmāyājālatantra — Kāyavākcittatantra — (l. 16) Kāyatantra sarva Buddha samayoga — (l. 17) Vāktantra — Guhyatilaka — Cittatantra — Guhyasamājamūlatantra — (l. 18) Amoghapāśatantra —

'gu-ya-kar-rba tan-tra | ba-jre-am-'brį-ta tan-tra

rgyud gsan-ba'i sñin-po | *bdud-rci'i rgyud*

| ba-jre ca-tu sprį-sti tan-tra dan |

bam-po(¹) *brgyad-pa dan* | *rdo-rje gdan bži'i rgyud dan* |

(l. 19) he-ru-ka a-pu-tha tan-tra | ma-ri-ji-kal-pa

he-ru-ka thams-čad(¹) *'byun-ba'i rgyud dan* | *lha-mo 'od-zer-čan*

tan-tra dan | lag-khyi-mi-śa-da-na tan-tra

'byun-ba'į(²)*rgyud dan* | *yan-*

| pan-ca skan-da'-byi-ca-ra-na(⁴)

dag(³) *grub-pa'i rgyud dan* | *phun-po*

tan-tra Feuillet II (l. 20) | 'bu-ta na-ma-ra(¹) tan-tra

lna'i grub-pa'į tan-tra dan | *'byun-po*

|

'byun-ba'į rgyud dan |

a-ba-da-ra tan-tra | dan | tad-tva-san-kra-tan-tra dan | 'zo-go-

'o-tro-tan-tra | (l. 21) zo-go-ñi-rod-tan-tra | zo-gi-ni tan-tra | o-li-pad-ti-

tan-tra | ad-dva-çin-ti-tan-tra dan | (l. 22) śa-ma-ya-sid-ti-tan-tra |

(l. 18) Guhyagarbhatantra — Vajrāmṛtatantra — Vajracaturbṛṣitantra — (l. 19) Herukādbhutatantra — Māricikalpatantra — Lakṣmīsādhanatantra — Pañcaskandhavivaraṇatantra — (l. 20) Bhūtaḍāmaratantra — Avatāratantra — Tattvasaṃgrahatantra — Yogottaratantra — (l. 21) Yoganirodhatantra — Yoginītantra — ? ? ? tantra — Advayasiddhitantra — (l. 22) Samayasiddhitantra —

laṅ-ka-a-ba-da-ra tan-tra | rad-na-a-ba-lį tan-tra | ga-ra-nī-

byu-tan-tra | (l. 23) śu-ga-ta-ti-la-ka tan-tra | (l. 24) rgya-gar skad-du |

tra-ya-sa-da-na |

lo-pyi-kā(¹) *khri-phrag-la* | *gsum-du bsdus-pa* |

man-dal-la no-phyi-ka(²) | 'de-ba no-pyi-ka |

dkyil-'khor-gi bsgrub-thabs daṅ | *lha'į bsgrub-thabs daṅ* |

(l. 25) sa-da-na no-pyi-ka

legs-pa'į yon-tan dṅo-sgrub(¹)*-kyi bsgrub-*

| e-ta-ya sa-rba tra-ya a-no-sta-na

thabs daṅ | *de-dag thams-čad sde-snod*(²) *gsum-du 'dus-pa*

thar-ma ra-ja | (l. 26) su-be-ru |

rgya-gar(³) *čhos-kyį rgyal-pos bstan-pa yin-no* |

mad-tya su-mye-ru | pur-baṅ ku-ra |

dbus-kyi ri-rab daṅ | *śar-gi lus-'phags-po daṅ* |

'dag-khyi-na 'jam-bu-ti-pa | (l. 27) a-pa-ra-'go-da-a-ba-rį(¹) |

lho'i 'jam-bu-gliṅ | *nub-kyi-ban-glaṅ spyod* |

u-ta-raṅ-aṅ-ku-da' | a-rta an-su su-mye-ru

byaṅ-gį sgra-myį-sñen daṅ | *ri-rab zur brgyad*

| pur-ba-'dį-pa(²) ar-rda-can-tra | (l. 28) 'dag-khri-na |

daṅ | *śar-phyogs-kyi zla-gam* | *lho'i jam-bu gliṅ*(¹)

(l. 22) Laṅkāvatāratantra — Ratnāvalītantra — ? ? ? tantra — (l. 23) Sugatatilakatantra — (l. 24) Trayasādhana — Maṇḍalanopika — Devanopika — (l. 25) Sādhananopika — Eta sarva trayānuṣṭhāna — Dharmarāja — (l. 26) Sumeru — Madhyasumeru — Pūrva . . . . . — (l. 26) Dakṣiṇajambudvīpa — (l. 27) Aparagodāvarī — Uttarakuru — Aṣṭāṃśusumeru — Pūrvadvīpārdhacandra — (l. 28) Dakṣiṇa tri-ko-na | a-pa-ra-ko-da | a-ba-ri | ca-kra man-da'-la ||

sogs-ka | *nub-kyi ban-glaṅ-spyod* *zlum-po* ||

u-tra-ra ca-tu-a-so man-da-la |

byaṅ-gi sgra-myi-sñen(2) *grub bži*

(l. 29)

pur-ba a-rda-can-dra-di-ba |

śar-gi lus-'phags-po(1) *yul yaṅ zla-gam* |

ma-nu-sa a-rda can-tra | 'jam-bu- . tri-pa tri-ko-na |

myi yaṅ zla gam | *lho'i*(2) *'jam-bu-gliṅ yaṅ sogs-ka* |

(l. 30)

ma-no-sa tri-ko-na | 'di-ba

myi yaṅ sogs-ka | *nub-kyi ban-glaṅ-spyod*(1) *yul yaṅ*

cag-kra | ma-no-sa cag-kra | u-tra-ra-aṅ-'gu-ra |

zlum-po | *myi yaṅ zum-po*(2) | *byaṅ-gi sgra-myi-sñen* |

ca-tu-ra-a-sa-ma | | su-mye-ru

gliṅ(3) *yaṅ gru bži* | *myi yaṅ gru-bži*(4) | *ri-rab*

(l. 31)

ni-la-ya | 'de-balo-ka(1) | lag-śa a-yo

dbus-na(5) *bžugs-na-pa'i* | *lha'i* *che-lo*

| pur-ba 'du'i-śa-ta ba-ri-śa

khri-phrag thub | *lus-'phags-po'i*(2)

a-'i-ba | 'dag-khyi-na(3) 'jam-bu ti-pa sa-ta |

che-lo ñis-brgya' | *'jam-bu gliṅ che-lo brgya'* |

(l. 28) trikoṇa — Aparagodāvarīcakramaṇḍala — Uttaracaturasramaṇḍala — (l. 29) Pūrvārdhacandradvīpa — Manuṣārdhacandra — Jambudvīpatrikoṇa — Mānuṣatrikoṇa — (l. 30) Dvīpacakra — Mānuṣacakra — Uttarakurucaturasra — Sumerunilaya (l. 31) devalokalakṣāyuḥ — Pūrvadviśatavarṣāyuḥ — Dakṣiṇajambudvīpa śata-

(l. 32)
ba-ri-śa a-yo a-pa-ro-ko-da' pan-ja-sa-ta ba-ri-śa
nub-kyi ban-glaṅ spyod che-lo lṅa brgya'

(l. 33)
a-yo | u-tra-ra(1) aṅ-'gu-ra | sa-a-sra ba-ri-sa a-yo-'a |
sgra-myi sñen che-lo | *stoṅ thub* |

pur-ba ra-ja | 'byi-ro-ta-ka-ya(1) |
śar-gi | *yul-khor-sruṅs* | *lho'i*

'jam-bu-ti-pa(2) | ra-ja byi-ro-pag-cha-ya(3) |
rgyal-po *'phags-skyes-po* |

(l. 34)
a-pa-ra(4) ko-da'-a-ba-ri ra-ja | a-dị-po-ta-ya(1)
nub-kyi *rgyal-po* *dmyịg-myi-*

| u-tra-raṅ-aṅ-gu-ra | ra-ja ba'i-sra-ma-na-ya
bzaṅ | *byaṅ-gi sgra-myi-sñen-gi* *rgyal-po* *rnam-thos-sras*

(l. 35)
a-rtha-lo-ka ba-la(1) | phra-tha-ma
(l. 34) *lha-čhen-po brgyad-la* | (l. 35) *daṅ-po*

bram-ma | 'byi-sñu(3) |
chaṅs-pa daṅ bram-ze(2) | *bya-ba-nan-tan* |

na-ra-ya-na(4) | ma-hrị-sva-ra(5)
gžo-nu kar-tị-ka | *lha čhen-po*

| ịyn-tra ra-ja(6) | 'ja-ma ra-ja' |
ma-ha-de-ba | *dbaṅ-po* *rgya-byin* | *gśin-rǰe* |

(l. 32) varṣāyuḥ — Aparagodāpañcaśatavarṣāyuḥ — (l. 33) Uttarakurusahasravarṣāyuḥ — Pūrvarāja Virūḍhaka — Jambudvīparāja Virūpākṣa — (l. 34) Aparagodāvarīrāja… — Uttarakururāja Vaiśramaṇa — (l. 35) Aṣṭalokapāla — Prathama Brahmā — Viṣṇu — Nārāyaṇa — Maheśvara — Indrarāja — Yamarāja —

(l. 36)
byi-na-ya-ka'(1) | ka-ma 'de-ba(2)
bgegs-kyi rgyal-po | *'gro-ba rigs-drug*
| pan-ca ma-ha-'bu-ta |
srid-pa'i rce-mo | *byuṅ-ba čhen-po lṅa* |
phri̥-thyi-byi | a-pa | tre-za' | 'ba-yo ||
sa'(3) | *čhu* | *mye* | *rluṅ* ||
(l. 37)
rgya-gar skad-du | ar-rta-gra' | a-byiu-tya |
gza' čhen-po(1) *brgyad* |
can-tra | maṅ-'ga-la | 'bu-da' | 'bri-ya-spa-ti̥ | (l. 38) su-kra' |
sa-ni-ca-ra | ra-hu-la
Feuillet III (l. 39)
a-rta-ku-la na-ga-ra-'ja | ba-su-ki
klu'i̥ rgyal-po čhen-po(1) *brgyad-la* |
na-me na-ga-ra-ja | a-nan-ta na-me na-ga-ra-ja | ku-li̥-ka
(l. 40)
na-myi̥ na-ga-ra-ja | kar-kor-da na-me na-ga-ra-ja | tag-
śa-ka na-ga-ra-ja | pu-'da-ri-ka na-me (l. 41) na-ga-ra-ca | śaṅ-ga
na-me na-ga-ra-ca | pad-ma na-me na-ga-ra-ja | a-rta-byiṅ-śa-ti

---

(l. 36)
Vināyaka — Kāmadeva — Pañcamahābhūta — Pṛthivī — Apaḥ
— Tejāḥ — Vāyu — (l. 37) Aṣṭa graha — Aditya — Candra — Maṅgala —
Budha — Bṛhaspati — (l. 38) Śukra — Śanaiścara — Rāhu — (l. 39) Aṣṭa kula
nāgarāja — Vāsukināmanagarāja — Anantanāmanāgarāja — Kulika-
(l. 40)
nāmanāgarāja — Karkoṭa(ka)nāmanāgarāja — Takṣakanāgarāja —
(l. 41)
Puṇḍarīkanāmanāgarāja — Śaṅkhanāmanāgarāja — Padmanāmanāga-
rāja — Aṣṭaviṃçati-

na-kha-tra | (l. 42) u-nan-pan-ca ba-ya'ị ra-ja
rgyu skar ñi-śu-rca-brgyad | *rluṅ-gị rgyal-po*

| che'u-śar-trị mye-ga ra-ja |
bži-bču-rca-dgu | *sprịn-gi rgyal-po drug-ču-rca-bži* |

śa-ra-a-sid-ti sa-a-sra | rị-śi([1])
rịgs-kyị bu daṅ rigs-kyi bu-mo

(l. 43) da-ra-ka
thams-čad 'dus-pa stoṅ-phrag brgyad-ču-rca-drug

sad-ta | ko-ti-na | lag-khra śa-ta sra-ha-śa-ni-tra | e-te-tre |

ga-ga-na man-da'-la | nir-myi-ta | (l. 44) skar-ma 'bum-brgya' | khri-

phrag stoṅ-brgya' | nam-ka'i skar-ma'i graṅs chad-bar | rjogs |

(l. 45) tre tha-du-ka | ka-ma-'tha-du | ru-pa-'tha-du | a-ru-pa-
khams gsum | *'dod khams* | *gzugs kham*([1]) | *gzugs-*

'tha-du | ka-ma-tha-du | (l. 46) 'byiṅ-srag a-no-sta-na |
myed([2])*-pa'ị khams* | *dod-khams* | *ñi-śu*

ru-pa-tha-du | śa-pa-da-'da-śa | a-ru-pa-tha-du
gzugs khams bču-bdun | *gzugs-myed*([1])*-pa'i khams*

cad-pa-rị bu-ta | bha-byi-śa |
bži | *dus gsum-la*([2]) *sña rabs 'das-pa daṅ*

(l. 41) nakṣatra — (l. 42) Unapañcāśatvāyurāja — Catuḥṣaṣṭimegharāja — Ṣaḍaśītisahasrarṣi — (l. 43) Tārakāśatakoṭi(na)lakṣaśatasahasrāṇi — Etetegaganamaṇḍala — Nirmita — (l. 45) Traidhātuka — Kāmadhatu — Rūpadhātu — Arūpadhātu — (l. 46) Kāmadhātuviṃśakānuṣṭhāna — Rūpadhātusaptadaśa — Arūpadhātu catvāri — Bhūta bhaviṣyabar-ta | (l. 47) bha-na | | śa-ra ka-ti([1])

da'-lta bžugs-pa daṅ | slad-nas byon-ba daṅ |

ka-ri lo-ka 'tha-du | 'di-ba a-su-ra

'gro-ba rigs-drug-gi dbyiṅs | lha daṅ |

ma-nu-sa na-ra-ka

myi([2]) daṅ | lha-ma-yin daṅ | dmyal-ba daṅ |

tri-ja-ka | bre-da' | (l. 48) a-na-

byoul-soṅ([3]) yi-dags daṅ | skye-ba rnam bži-la([1]) | sgo-ṅa-las

'ja-ta-ka | ja-ra | za'-ta-ka | u-sna-'ja-ta-ka |

skyes-pa daṅ | gzugs-nas skyes | drod gśer-la skyes-pa daṅ |

sa-ya-'bu-'ja-ta-ka([2]) | sar-ba-de

yid-nas skyes-pa daṅ | de-dag thams-čad-

| tha-ba-ra-ža-ṅa-ma (l. 49) |

daṅ | 'gul-ba daṅ 'gul-du myi-nus-pa daṅ |

je'i-ba | la-ta-kul-ma

gzugs riṅ-po daṅ | gzugs sbom-pa daṅ |

e-te-te 'bu-ta kra-ma([2]) |

de-dag thams-čad ni 'byuṅ-ba([1]) čhen-po lags-so |

gzugs-la čhe-ba rnam gsum-la | bya daṅ | ña daṅ | sbrul daṅ |

(l. 46) (l. 47) vartamāna — Ṣaḍagatigatilokadhātu — Deva — Asura — Mānuṣa — Naraka — Tiryak — Preta — (l. 48) Aṇḍajātaka — Jarajātaka — Uṣṇajātaka — Svayambhūjātaka — Sarvate sthāvarajaṅgama — (l. 49) Jīvalatāgulma — Etetebhūtakrama *gsum* || ⊕*sprul-pa čhe-ba daṅ* | *stobs čhe-ba daṅ* | *mthu čhe-ba*

⊕dar-ma-ra-ja

daṅ | *mkyen-pa čhe-ba ni* | *rgya-gar*(3) *čhos-kyi rgyal-po lags*

a-taṅ-sar-byi-te-ba-ra'-ga-tha |

| *de-dag thams-čad ni čhos-kyi*

(l. 50)
| dar-ma-dar-tu | a-a-nod spa-na |

rgyal-po byas-pa yin-no | *čhos-kyi dbyiṅs* |

spa-ba-da'(1) |

| *ma-skyes-pa* | *ma-byuṅ-ba* | *ye-nas rnam-par*

| ma-nu-sa | 'de-ba 'ga-ti | ba-ra-ga-ta |

dag-pa | *myi-las lhar grub-pa* | | *kun* |

(l. 51)
dar-ra-ra-ja |

rgya-gar(1) *čhos-kyi rgyal-pos bstan-pa yin-no* | *čhos-kyi*

(l. 52)
ka-ru-na | ma-'i-tri | | mu-ti ta |

rgyu-ni | | *byams-pa* | *sniṅ-rje* | *dga'-ba* |

u-prag-śa | ca-tur-'bar-ma-bya-ha-ri |

gtaṅ-sñom(1) *ni* | *chad-myed-pa bži* |

(l. 53)
'da'-sa-ku-sa-la | kar-ma-pa-tha | 'da'-sa-pa-ra-myi-ta

dge-ba bču daṅ | *pha-rol-*

(l. 49) Dharmarāja .... (l. 50) Dharmadhātu — Anutpannotpāda — Mānuṣadevagati — .... — (l. 51) Dharmarāja — (l. 52) Karuṇā — Maitrī — Muditā — Upekṣā — Caturbrāhmavihāra — (l. 53) Daśakuśalakarmapatha — Daśapāramitā —

| | 'da'-sa-pa-ra-myi-ta sra-ya(1)
phyin-pa bču dañ | *dge-ba bču*

| 'da'-sa-pa-ra-myi-ta-su-ti(2) |
mthar-phyin-pa | *gcañ-ba bču dañ* |

(l. 54)
'da-sa-pa-ra-myi-ta(3) na-ya | 'da-sa-pu-myi |
chul-khrims bču dañ | *sa bču dañ* |

i-spa-ra na-thu | 'da-sa pu-myi-pra-ti-
dbañ phyug čhen-po dpal(1) *mgon* | *sa*

sti-da' | 'da-sa a-ka-ru(3) |
bču'i dbañ-thob-pa(2) | | *sprul-pa bču* |

Feuillet IV (l. 55)
'das-sa-a-rta(1) | a-rtu
dños-sgrub bču | *rañ-don dañ žan don*

| mu-nin-do | 'da-sa pa-lo(3)-'byi-phu-
grub(2) | *thub-pa dbañ-po* | *stobs* *bču'i rigs-*

(l. 56)
| ba-ja-ra- ra-ja- a-byi-śa-ga(1) |
'jin-gi dños-grub thob | *rdo-rje* | *rgyal-po'i dbañ thob-pa* |

sri- dar-ma ra-ja | a-byi-śe-gi-ta | ju-byi-sti-ra
dpal čhos-kyi rgyal-po | *dbañ-thob-pa* | *rgyal-po rju-byi-sti-ra*

| pa-ra-sa-ra-ma |
dañ | *rgyal-po dañ-po ra-ma-na dañ* |

(l. 53) Daśapāramitāśraya — Daśapāramitāśuddhi — Daśapāramitā (l. 54) naya — Daśabhūmīśvaranatho — Daśabhūmipratiṣṭhitaḥ — Daśākāro — (l. 55) Daśārthārtho — Munīndro — Daśabalovibhū — (l. 56) Vajrarājābhiṣeka — Śrīdharmarājābhiṣikta — Yudhiṣṭhira — Paraśurāma —

(l. 57)
sba-ha-sa-rju-na([1]) | ra-ja-
sprul-pa stoṅ-gi rgyal-po daṅ | *rgyal-po*

ra-ma de-ba | ra-ma-na | ra-ma-ra-ja([2]) |
ra-ma de-ba daṅ | *ra-ma-na daṅ lag-śa-na* |

(l. 58)
kar-na-ra-ja | 'ba-le-ra-ja | 'byin-ba'i-
rgyal-po kar-na | *rgyal-po 'ba-le daṅ* |

sa-ga-ra-ja | can-tra-pra-bha-ra-ja
rgyal-po 'byin-ba'i sa-ga-ra-ja | *rgyal-po*

| sri-byig-ka-ma-byi-tha-ra-ja
zla-'od daṅ | *rgyal-po 'byig-ka-ma-dį-tha*

(l. 59)
| man-'da-ha-sti-ra-ja | a-dį-mu-ku-ti-
daṅ | *rgyal-po man-da'-ha-sti daṅ* |

ra-ja | ka-mo-ja-ra-ja |
rgyal-po a-dį-mu-ku-ti daṅ | *rgyal-po ka-mo-ja daṅ* |

un-ma-ta-ki-sa-ri-ra-ja | sa-saṅ-ga-ra-ja([1])
rgyal-po un-ma-ti-ki-sa-ri daṅ |

(l. 60)
| 'de-byin-tri-ra-ja |
'duṅ-'bud-pa'į rgyal-po | *lha'į dbaṅ-po thub-pa'į rgyal-po daṅ* |

ra-sin-ti([1])
rdo-rje dbaṅ-po thub-pa'i rgyal-po | *rgyal-po*

(l. 57)
Sahasra[bāhu]arjuna — Rājarāmadeva — Rāmaṇa Rāmarāja — (l. 58) Karṇarāja — Bālirāja — Bimbacakrarāja — Candraprabharāja — (l. 59) Vikramādityarāja — Mandahastirāja — Adimukuṭarāja — Kamojarāja — Umattakesarirāja — Śaśāṅkarāja — (l. 60) Devendrarāja — Rasendrarāja —

ka-na-ra-de-ba-ra-ja | kris-na-ra-ja | sa-bu-kha-de-ba-
ka-na-ra-de-ba dań | rgyal-po nag-po dań |

(l. 61)
ra-ja(²) | dar-ma-so-ga-ra-ja
rgyal-po ha-bde-ba'ị gdan dań | rgyal-po dar-ma-

| sri-ha-ri-sra ra-ja | kar-na-ga-
a-so-ga dań | rgyal-po sri-ha-rị-sra dań |

ra-ja | iyn-tra-bo-ti-ra-ja |
rgyal-po kar-na-ga | rgyal-po iyn-tra-bo-de dań |

(l. 62)
e-te-te-phrag-khya-da' | kha-ra-ka thuṅ-ga-ra-ja | ag-ña-
ral-gi ñan btub-pa'i rgyal-po

cag-kra- bar-ti rā-ja(¹) | dar-ma- cag-kra-
'khor-lo ñan-btub-pa'ị rgyal-po dań | čhos-kyi 'khor-lo-

(l. 63)
bar-ti- ra-ja(²) | byid-ña-da-ra-cag-kra-bar-ti-ra-ja(¹)
rgyur-ba'i rgyal-po |

| ha-ra-can-tra-na-myi-ra-ja(²)
lha-byịn-thub-pa'i rgyal-po |

| kha-ra-ka-ca-cag-kra- bar-ti-
rgyal-sa grub-pa'ị rgyal-po dań | ral-gị(³) 'khor-lo rgyur-ba'ị

ra-ja(⁴) | can-tra-go-myi-ra-ja(⁵) |
rgyal-po dań | dge-bsñen zla-ba'ị rgyal-po dań |

(l. 60) Kanaradevarāja — Kṛṣṇarāja — Śambūkadevarāja — Dharmāśoka- (l. 61) rāja — Śrīharṣarāja — Karṇagarāja — Indrabodhirāja — Etetepra- (l. 62) khyātāḥ — Khaḍgatuṅgarāja — Anyecakravartirāja — Dharma- (l. 63) cakravartirāja — Vidyādharacakravartirāja — Haracandranāmarāja — Khaḍgacakravartirāja — Candragomirāja —

(l. 64) e-te-de-ra-ja-śi-ta(1) | ba-ta-bu-ta ha-nu-man-ta-ra-ja

spre'u-gi(2) *rgyal-po*

| 'da-sra krį-ba(3) ra-ma-na-rag-ka-śa- ra-ja

ha-nu-man-ta | *sr̥in-po'i rgyal-po*

(l. 65) | bod-'phrul-gį rgyal-po dmyįg(1) gsum-pa dañ

lañ-ka 'gr̥in-bču |

sroñ-brcan-sgam-po(2) | dañ | bcan-po khri-sruom-ldem (l. 66) brcan dañ | bcan-po khri-gcug-lde-brcan || bcan-po ral-pa-čan dañ | de-dag thams-čad (l. 67) kyañ theg-pa čhen-po'i čhos spyod-pa | bcan-po khris-kyi-liñ dañ | sras čhe-ba pal(1)-byin-mgon dañ || (l. 68) bkra-śis-mgon dañ | leg-gcug-mgon dañ || bcan-po bkra-śis-rcags-pa-dpal dañ | dpal-lde dan | (l. 69) 'o-lde dañ | 'khri-lde dañ | bcan-po bkra-śis-mgon-po dañ || can-po a-ca-ra(1) dañ | 'khri-lde-mgon dañ | (l. 70) lha-čig-čag-śe dañ | de-dag-thams čad kyañ theg-pa-čhen po'i dbañ thob-pa yin-no || (l. 71) dbañ bgyid-pa'i slobs-dpon(1)-la || dar-ma-ra-ja | myi(2) dañ lha dañ dbañ-brgyįd-pa-la | spyan-ras-gzigs (l. 72) dbañ phyug dañ | sañs-rgyas thams-čad-la dbañ-bskur-ba nį | 'jam-dpal gžu-nu(1) | (l. 73) myį-la dbañ-bskur-ba nį | slobs-dpon thi-ra-ma-tį dañ | rgyal-po pa-su-ban-du dañ | ar-ya-ma-ha-sañ-ga(1) dañ |

(l. 64) Eteterājasiddha — Hanumānrāja — Daśagrīvarāvaṇarākṣasarāja —

Feuillet V (l. 74)
| mdo-sde daṅ | 'dul-ba daṅ | mṅon-ba(¹) gsum byas-pa yin-no | de'i 'og-tu saṅs-rgyas śag-thub-pa(²) dgoṅs-pa
(l. 75)
grub-pa'ị dus-na | lha daṅ | myi daṅ | lha-ma-yin daṅ | 'gro-ba rigs drug-la daṅ | thams-čad-la dbaṅ-bskur-ba nị |
(l. 76)
saṅs-rgyas śag-kya(¹) thub-pa lags-so |

śag-kya(²) mu-nị pa-ri-ni-ri-pa-na | ma-ha-
śag-kya thub-pa mye-ṅan-la 'das-pa'ị(³) dus-na | theg-pa-

(l. 77)
ya-na- dar-ma dar-du | a-ti-tha-a-na-ka-ta-par-tị'u-ta-
čhen-po'i čhos-kyi dbyiṅs-la | che-rabs sṅa-ma daṅ |

ban-na(¹) | | 'bu-ta bo-ti svad-tva
che-'dị daṅ | che-phyi-ma daṅ | saṅs-rgyas daṅ | byaṅ-čhub

sa-rbe-te-ma-ha- ya-na | rcị-to-ta-
sems-pa daṅ theg-pa-čhen-po'i čhos-la |

(l. 78)
pa-da' | sa-rba-ta-a-ste a-no-tra yaṅ sam-myag(¹) sam-'bu-ti
bla-na-myed-pa'i byaṅ-čhub-kyi

| a-byi-śi-ga-ra-ja | a-rja-na-ga-rju-na |
dṅos-sgrub-thob-pa |

(l. 79)
ña-na | ku-ku-ra-ca | śag-kya(¹)-thub-pa mye-ṅan-la 'das-pa'i(²) dus-na | dbaṅ-gi slobs-dpon(³) ni 'phags-pa klun-grub(⁴)
(l. 80)
sñiṅ-po | khyi'i-rgyal-po ku-ku-ra-ca daṅ | ñan-ba'i slob-ma ni

---

(l. 76) Śākyamuniparinirvāṇa — Mahāyānadharmadhātu — (l. 77) Atīta — Anāgata — Vartamāna (?) — Buddha — Bodhisattva — Sarvetemahāyāna — Cittotpāda — (l. 78) Sarvataṣṭanuttarasamyaksaṃbodhi — Abhiṣekarāja — Āryanāgārjunajñāna — Kukkurarāja —

dar-ma-a-so-ka daṅ | śi-ri-ha-ri-śa daṅ | rgyal-po ka-na-ka-(l. 81) ra-ca daṅ || rgyal-po iyn-tra-bo-ti daṅ || 'go-ba-de-be daṅ | sras śag-kya([1]) bo-te daṅ | de-'dra-ba'i̥ rgyal-po graṅs-myed([2])-(l. 82) pas de-ltar dbaṅ-mnod nas | bsgrubs-nas || dbaṅ thob-pa'i don-čed-la || bsod-nams kyi chogs daṅ | ye-śes-kyi chogs-gi̥ (l. 83) 'bras-bu-la | mṅon-bar śes-pa lṅa daṅ-ldan | sku gsum([1]) thugs-kyi̥ 'bras-bu daṅ-ldan | čhos-kyi̥ dbyi̥ṅs thams-čad (l. 84) mkyen-pa'i ye-śes daṅ-ldan | a-byi̥-śa-ka-bu-na-sam-ba-ra | ya-na sam-ba-ra |

pan-ca-ka-yad-ma-ka | pan-ca (l. 85) cag-khu
sku lṅa daṅ-ldan | *spyan lṅa daṅ-*

| pan-cag-kya-na | pan-ca-a-byi̥d-ña
ldan([1]) | *ye-śes lṅa daṅ-ldan* | *mṅon-bar*

| pan-ca-śag-kan-ta |
śes-pa lṅa daṅ-ldan | *phuṅ-po lṅa daṅ-ldan* |

pan-ca-ka-ma (l. 86) pan-cin-'tri̥-yā
'dod-pa'i yon-tan lṅa daṅ-ldan | *dbaṅ-po*

| pan-ci̥-prid-ña | pan-ci-a-ka-ra
daṅ-ldan | *ri̥g-pa lṅa daṅ-ldan* |

Dharmāśoka — Śrīharṣa — Kanika — Indrabodhi — Gopadevī (?) — Śākyabodhi — (l. 84) Abhiṣekapuṇyasambhava — Jñānasambhava — Pañca kāyātmaka — (l. 85) Pañca cakṣuḥ — Pañcajñāna — Pañcābhijñā — Pañcaskandha — Pañcakāma — (l. 86) Pañcendriya — Pañcaprajñā — Pañcākara —

| pan-ci̥ tha-tha-ga-ta

byaṅ-čhub-sems rnam-lṅa daṅ-ldan de-bžin-gśags-pa[1]

| pan-ci̥-ku-la | pan-'dri̥-bya'-ba-da'

lṅa daṅ-ldan | *ri̥gs-lṅa daṅ-ldan* | *yum*

(l. 87)
| tre-tha-tu-ka-ra-ja

lṅa daṅ-ldan | *khams sum*[1] *rgyal-po bsgrub-pa*[2]

| a-rtha-ma-ha si̥n-ti̥ bra-ba-da'

daṅ-ldan | *dṅos-sgrub čhen-po brgyad*

| a-ka-ra-di̥[3] |

grub-pa daṅ-ldan | *rnam-sbyor-chogs daṅ-ldan* |

kha-khā-ra-di̥ | pa-ri̥-pu-ru-na | a-si̥d-ti̥-byen-'ja-na |

rjogs-pa čhen-po daṅ-ldan dpyc-byad bzaṅ-po

(l. 88)
laṅ-kri̥-da'[1] | 'da-'ba-ti̥ṅ-sad-ta- lag-

brgyad-ču daṅ-ldan | *mchan*

sa-na 'da-ra-kan ti̥ | pan-ca-

bzaṅ-po sum-ču-rca-gñi̥s daṅ-ldan | *ri̥gs-lṅa*

'bu-ta- ma-ku-ta | tre-ya lo-ka-su-na-ra

saṅs-rgyas dbu-rgyan daṅ-ldan | *khams sum*[2]

(l. 89)
| 'bu-to-haṅ[1]

dṅos-sgrub thob-pa'i dbaṅ daṅ-ldan | *bdag daṅ saṅs-*

(l. 86) Pañcatathāgata — Pañcikula — (l. 87) Pañcīvivāha — Traidhātukarāja — Aṣṭamahāsiddhiprāpta — Akārādi — Kakārādi — Paripūrṇa — Aśītivyañjanālaṃkṛtaḥ — (l. 88) Dvatriṃśatlakṣaṇa...... — Pañcabuddhamukuṭa — Trailokasundara — (l. 89) Buddho'ham —

| ba-jra-ra 'da-ro-haṅ[2]

rgyas mtha' myį dad-pa daṅ-ldan |

| tan-tre- sid-ti | man-tra-

lag-na-rdo-rje daṅ-ldan | *rgyud-ki dṅos-grub* | *sṅags-kyi*

(l. 90)

sįd-tį | 'gya-na- sįd-tį | 'tya-na- sįd-ti

dṅos-grub | *ye-śes-kyi dṅos-grub daṅ* | *bsam-gtan*

| ra-sa- sid-ti | pyįn-'da sid-ti |

sgrub-pa[1] | *bdud-rci bsgrub-pa*[2] | *sku'i dṅos-grub* |

'gur-ti-ka-sid-ti[3] | pa-da'-lį-pa-na-

sman-gi 'bras-bu dṅos-grub | *rkaṅ-mgyogs-kyi*

(l. 91)

sįd-tį | a-'ja-na-sid-ti | kha-ra-ka-

dṅos-grub | *dmyįg-sman-gi dṅos-grub* | *ral-gi*[1]

sid-ti | ma-no-ja-ba-sid-ti |

dṅos-grub | *ñi-ma zla-ba'į dṅos-grub* |

į-pi-ca-ka-myi-ka sid-ti | ag-ña sid-ti

thugs-la či-'dod-pa'i dṅos-grub | *bka*[2]*-luṅ ñan-bar*[3]

(l. 92)

| kha-ñi-ba-la-sid-ti | 'byi-la-sid-ti[1]

grub-pa | *sa-'og-ki gter-śes-par*[4] *grub-pa* |

| ba-śi ka-ra-na-sid-ti[2]

lha-ma-yin-gi sgo-phye-ba'i dṅos-grub |

(l. 89) Vajradharo'ham — Tantrasiddhi — Mantrasiddhi — Jñānasiddhi — (l. 90) Dhyānasiddhi — Rasasiddhi — Piṇḍasiddhi — Guḍikāsiddhi — Padalepanasiddhi — Añjanasiddhi — (l. 91) Khaḍgasiddhi — Manojavasiddhi — Icchākāmikasiddhi — Ājñāsiddhi — Khānibalasiddhi — (l. 92) Bilasiddhi — Vaśīkaraṇasiddhi —

| 'jam-ba-la sid-ti |
kun dges-pa'i dṅos-grub | *nor-gi lha'i dṅos-grub-thob* |

ba-su-da-ra-sid-ti (3) |
rig-pa'i rgyal-mo'i 'bru'i dṅos-grub |

ba-gyi-myi-sid-ti |
čhos-thams-čad ye-nas mkhyen-par sgrub-pa' |

(l. 93)
'bri-ta-da-ra-ka- sid-ti | 'di-ri-kha(1)-a-yo-
rgan-po gžo-nur byed-pa'i dṅos-grub | *che'i*

sid-ti | a-rta-ma-ha-pha-ya na-sti(2)
dṅos-grub | *'jigs-pa brgyad-las thar-pa'i*

| a-pa-ra-sid-ta-sid-ti(3) |
dṅos-grub | *sgra-gnon-ba'i dṅos-grub* |

Penillet VI (l. 94)
a-sid-ti-byi-'ja-na | ka-kha-ga-'ga-ṅa | ca-cha-ja-'ja'-ña |

(l. 95)
ta-tha-'da-da-nā | ta-tha-'da-tha-na | pa-pha-'ba-ba-ma |

(l. 96)
'ža-ra-la-'bā-sa-sa-sa-ha-khya' | « di » | ka-ka | ki-kī | ku-ku |

ke-kaī | ko-kau | kaṅ-ka | « di » | mu-ka-sa-ra | ka-ka-sva-ra |

(l. 97)
kum-ba-sva-ra | mye-ga-sva-ra | myir-rga-sva-ra | « di » |

(l. 98)
si-ti | ra-stu | a-a | i-ī | u-ū | ri-rī | li-lī | e-ai | o au | am-a

(l. 99)
sa-ra | a-nag-khya-ra | ka-ya-ba-ga-cid-ta | ka-ka-sum-ču-rca-

---

(l. 92) Jambhalasiddhi — Vasudhārāsiddhi — Vāgmisiddhi — (l. 93) Vṛddhadārakasiddhi — Dīrghāyuḥsiddhi — Aṣṭamahābhayasiddhi — Aparasiddhasiddhi — (l. 94) Aśītivyañjana — (l. 95) Mukhasvara — (l. 96) Kākasvara — (l. 97) Kumbhasvara — Meghasvara — Mṛgasvara — (l. 98) Siddhirastu — (l. 99) Ṣaḍanakṣara — Kāya — Vāk — Citta —

bži-dañ | (l. 100) na-stag-bču-gñis-dañ | sñags ñi-śu dañ | dbyañs lña dañ | (l. 101) yi-ge myi-btub-pa drug dañ | sku gsum(1) thugs dañ | de-ni pe-byad(2) | (l. 102) bzañ-po brgyad-ču 'o || 'da'-ba tīn-sad-da lag-śa-na | da-ra-gan-tḭ | (l. 103) mcan bzañ-po sum-ču-rca-gñis-ni | a-lḭ-ka-li | (l. 104) ma-ha-yo-ga'i rca-ba 'di yin-no | dar-ma-mu-tra dañ | kar-ma-mu-tra | (l. 105) sa-ma-ya mu-tra | ma-ha-mu-tra | bod skad-du čhos-kyi phyag-rgya dañ | las-kyi (l. 106) phyag-rgya dañ | phyag-rgya čhen-po dañ | de-rnams ni phyag-rgya čhen-po bži-'o | (l. 107) theg-pa čhen-po'i bden-pa rnam-bži dañ | phyag rgya dañ | ti-ñe(1) (l. 108) 'jin | gsum dañ | gsañ-ba'i yum bži dañ | thabs dañ śes-rab-las (l. 109) bsogs-te(1) | rnam-sbyor-gi lta-ba lags-so ||

ka-cid-ta-ca-ta | (l. 110) ka-cid-ta-pha'-tra
res-ga(2) *yig-phrug*(3) *dañ-'dra* | *res-ga*

| ka-cḭd-ta-bra-bad 'ji-to-na-ra
bram-ze dañ-'dra | *res-ga* *dge-sloñ*

| ka-cid-ba-ja-me-kri-ya |
dañ-'dra | *res-ga* *gtam mañ-du smra* |

ka-cid-ta (l. 111) me-'u-na-ga-da' | ka-cḭd-ta- e-ka-ñi-la-ya |
res-ga *čañ-myi-smra* | *res-ga nī sa-čig-na 'dug* | *gar-yañ*

(l. 102) Dvatriṃśatlakṣaṇa ..... — (l. 104) Dharmamudrā — Karmamudrā — (l. 105) Samayamudrā — Mahāmudrā — (l. 109) Kaścit..... (l. 110) Kaścit..... — Kaścit pravrajitonaraḥ — Kaścit....... — Kaścit (l. 111) maunagataḥ — Kaścit ekanilaya —

| ka-cid-ta can-ca-la-ka-ti | ka-ci-ta

myi-'gro | *res-ga kun-tu 'khyab-par 'gro* | *res-ga*

(l. 112)
thu-'u-li ma-la-na | ka-cid-ta si'u-ci-

sna-chogs lus-la sku | *res-ga ni*

sna-na | ka-cid-ta byid-tya-si

dri-žim-po-la khrus-byed | *res-ga za-ba*

| ka-cid-ta-myi-čha-(¹) ji-byid-ti |

sna-chogs gsol | *res-ga dri-žim rgu-za* |

Feuillet VII (l. 113)
ka-cid-ta-kan-'da-na-lo-na | ka-cid-ta 'gi-ti-ka-ba-ca-na

res-ga ni-ru | *res-ga ni sbyaṅs*

(l. 114)
| ka-cid-ta ra-kha-sa- sa-ma | ka-cid-ta-

daṅ rol-mo byed | *res-ga(¹) gšin-rje srin-po daṅ-'dra* | *res-ga*

ka-ru-na-ad-ma-ka(¹) | ka-cid-ta-an-ta-ba-ta

sñiṅ-rje kun-la byams | *res-ga loṅ-ba'i*

(l. 115)
| ka-cid-ta 'gya-ni-e-ka-ca-bya-ma-la-śa-tri-śa

chul-du ston | *res-ga*

|

dre-myed spyan čig bži khams gsum kun kyaṅ sa-ler-snaṅ(²) |

ka-cid-ta 'ba-he-ra-bad-ta | ka-cid-ta- ba-gi-spa-ra-sa-bryi-śa |

res-ga dig-pa daṅ-'dra | *res-ga gsuṅ-gi dbaṅ-phyug 'dra* |

(l. 111) Kaścit cañcalagati — (l. 112) Kaścit dhūlimalinaḥ — Kaścit śucisnāna — Kaścit vividhāśi — Kaścit mṛṣṭajīvati — (l. 113) Kaścit......, — Kaścit gītikavacana — Kaścit rākṣasasama — (l. 114) Kaścit karuṇātmaka — Kaścit andhavat — Kaścit jñāniekākṣavimalasadṛśa — (l. 115) Kaścit badhiravat · Kaścitvāgīśvarasadṛśa —

ka-c̥id-ta- kā-la-ba-ta | (l. 116) ka-cid-ta-d̥i-pi-sro-tra
res-ga 'on-ba'i̥ 'chul-du-gnas | res-ga lha'i sgra-skad

śa-'di-sa | ka-cid-ta-na-na-ru-pha-tha-ra
sna-chogs thos-pa 'dra |

'jo-gi pa-ri-ca-ran-ti(1)
rnam-sbyor spyod-pa č̥ir yaṅ ma-ṅes-te |

| ma-hi-ta-li
res-ga nam-ka kun-tu khyab-par gnas | rjogs |

(l. 117) rgya-gar čhos-kyi rgyal-po'i sras | de-ba-pu-tra čhos ni ma-bslabs-par raṅ-śes | (l. 118) 'phags-pa spyan-ras-gzig(1)-kyi dbaṅ-phyug-kyi dṅos-sgrub brñes | bod-yul-du gśes-te(2) | (l. 119) bod-kyi lha-bcan-po thams-čad-la | čhos bśad-čiṅ dbaṅ-bskurs(1) | gaṅs-ti-si-la(3) bsñen-(l. 120)bsgrub zab-mor bgyis | mcho ma-'phaṅ-la(1) 'khrus-brgyis-nas(2) | čhos-'khor(3) bsam-yas-su (l. 121) gdan-gśags(1) | bčom-ldan-'das-kyi riṅ-lugs daṅ | dbas(2) rgyal-ba ye-śes daṅ | mkhas-bcun (l. 122) maṅ-po gis | dge-'dun-sde gñis-gis | mčhod-gnas čher mjad | baṅ-čhen daṅ | rim-mgro'(1) bgyis (l. 123) nas | rgya-yul-du bskyal | rgya-rje daṅ | rgya-blon maṅ-pos mčhod-gnas čher bgyis | ri-bo rce-(l. 124)lṅa(3)-la | 'phags-pa-'jam-dpal-gi žal mthoṅ | slar rgya-gar-yul-du gśags(1)-pa'i śul-(l. 125) kar(1) | sug-čur(2) gdan-gśags(3) | yul-dpon daṅ | dge-'dun

---

(l. 115) Kaścit khakkhalavat — (l. 116) Kaścitdivyaśrotrasadṛśa — Kaścit nānā-rūpadharayogiparicaranti —

sde-gñis daṅ | rnal-'byor (l. 126) 'phreṅ-thogs-gi sde daṅ | sug-ču([a]) yon-bdag thams-čad-kyis | mčhod-gnas čher bgyis | (l. 127) slobs-dpon([1]) thugs dges-nas | theg-pa-čhen-po'i čhos bka-rcal([2]) | (l. 128) glaṅ-gi lo dpyid-sla-ra([1])-ba'i ches ñi-śu-gsum-gi gdugs-la | 'bog rdo-rǰe-rgyal-po daṅ | (l. 129) skya-phud yaṅ a-dge daṅ | rnal-sbyor slobs-dpon([1]) sde-la | rdo-rǰe-rgyal-po'i dbaṅ-luṅ (l. 130) rjogs-par scal | sṅags daṅ phyag-rgya-man-gaṅ([1]) gtan-la phab-pa | rjogs (l. 131) 'bro dkon-mčhog-dpal-gis bris-pa

IV

TRADUCTION D'APRÈS LA VERSION TIBÉTAINE

Feuillet 1 (l. 1)
D'une seule manière :

Hommage[2] au Buddha[1], hommage à la Loi, hommage à la Communauté, hommage aux (l. 2) Trois Joyaux, hommage à l'Omniscient. Buddha[1] né de sa propre essence, Buddha de nature[2], (l. 3) Buddha[1] et Bodhisattva[2] d'éternité, Siddha Buddha. [Les] sept Excellents[3], Tathāgata Buddha[4], Sugata Buddha[5], (l. 4) Pratyeka Buddha[2][6], Arhan(ta)[3] Buddha[1][4], Ārya Buddha[5], Śrāvaka Buddha, Sūtra Buddha[7], (l. 5) Buddha de la Bodhi suprême[1], Buddha, vertu de Buddha, ...[2], (l. 6) les huit classes de prophéties (*vyākaraṇa*)[1], les seize traités (*prakaraṇa*)[2], les six sciences de la Loi[3], les six dialectiques (*tarka*), les quatre-vingt-quatre mille[5] services de la Loi[4], (l. 7) les neuf séries de véhicules[1], les trente-six grands *tantra*[2].

Si on demande : Quelles sont les neuf séries de véhicules? [Réponse :] le véhicule des hommes, (l. 8) le véhicule des dieux, le véhicule des Śrāvaka, le véhicule des Pratyeka Buddha[1], le véhicule des Sūtra, (l. 9) le véhicule des Bodhisattva[1], *yoga*, *kriyā*, *upāya*; ce sont les neuf séries de véhicules. (l. 10) Dans le yoga, [il y a] quatre divisions : *yoga*, *mahāyoga*, *anuyoga*, *atiyoga*; quatre. (l. 11) Dans la *kriyā*, il y a quatre divisions : *kriyā* des Śrāvakas, *kriyā* des Pratyeka Buddha, *kriyā* des Sūtra, (l. 12) *kriyā* des Bodhisattva; [ce sont les] quatre. Dans l'*upāya* [il y a] quatre divisions : acquisition du fruit (état) de Srāvaka, (l. 13) acquisition du fruit de Pratyeka Buddha, acquisition du fruit de Bodhi, acquisition du fruit de Sūtra; [ce sont les] quatre. (l. 14) Si on demande : Quels sont les trente-six grands *tantra* (1)? [Réponse:] Māyājālatantra, Śrīsarvasamāja tantra (2), Vairocana māyājālatantra, (l. 15) Mañjuśrījñānasattva māyājālatantra (1), Avalokiteśvara (2) māyājālatantra, Vajrasattva māyājālatantra (3), (l. 16) Devī māyājālatantra, Kāya vāk citta tantra (1), Kāyatantra sarva Buddhasamayoga (2), (l. 17) Vāk [tantra] (1), Candraguhyatilaka tantra (2), Cittadhārā tantra (3), Guhyasamāja mūlatantra, Amoghapaśa (4) (l. 18) tantra, Guhyagarbha tantra, les huit divisions du Vajrāmṛta tantra (1), Vajracaturbhṛṣi tantra, (l. 19) Heruka sarvādbhuta tantra (1), Mārīcīdevyadbhuta (2) tantra, Lakṣmī sādhanatantra (3), Pañca skandha sādhanatantra (4) — Feuillet II (l. 20) Bhūtādbhuta (ḍāmara) tantra (1), Avatāra tantra, Tattvasaṃgraha tantra, Yogottara tantra, (l. 21) Yoganirodha tantra, Yoginī tantra, ... tantra, Advayasiddhi tantra, (l. 22) Samayasiddhi tantra, Laṅkāvatāra tantra, Ratnāvalī tantra, ... tantra, (l. 23) Sugatatilaka tantra. (l. 24) En langue de l'Inde, les dix mille *nopika* (1) sont réunis en trois : Maṇḍala nopika (2), Deva nopika, (l. 25) nopika de la Siddhi de l'Excellente Vertu(1); tous ceux-là sont réunis dans les trois *piṭaka*(2) que le *dharmarāja* de l'Inde(3) a enseignés. (l. 26) Sumeru central, Pūrvavideha, Dakṣiṇajambudvīpa, Apara-(l. 27)godānīya(1), Uttarakuru. Le Sumeru [a] huit côtés, le Pūrva-[dvīpa](2) est [en forme de] demi-lune, le (l. 28) Dakṣiṇajambu-dvīpa(1) est triangulaire (?), l'Aparagodānīya est circulaire, l'Uttarakuru(2) est quadrangulaire. (l. 29) En Pūrvavideha(1), le pays est [en forme de] demi-lune, les hommes [sont] aussi [en forme de] demi-lune. Le Dakṣiṇajambudvīpa(2) est triangulaire, les hommes [sont] aussi triangulaires. (l. 30) En Apara-godānīya(1), le pays [est] circulaire, les hommes sont [aussi] circulaires(2). En Uttarakuru, le pays(3) est carré, les hommes [sont] aussi carrés(4). La vie des dieux du séjour du Sumeru(5) (l. 31) central(1) peut atteindre dix mille années. En [Pūrva]videha(2), la vie [est de] deux cents années. Dans le Jambudvīpa(3), (l. 32) la vie [est de] cent années. En Aparagodānīya, la vie [est de] cinq cents années. En [Uttara]kuru(1), la (l. 33) vie est de mille années.

[Le roi] de l'est [est] Dhṛtarāṣṭra(1), le roi du sud(2) [est] Virūḍhaka(3), le roi de l'ouest(4) [est] (l. 34) Virūpākṣa(1), le roi de l'Uttarakuru [est] Vaiśravaṇa.

(l. 35) [Il y a] huit grands dieux(1) : en premier, Brahmā et le brahmane(2), Bya-ba nan-tan(3), le *kumāra* Kārtika(4), le grand dieu Mahādeva(5), le maître des dieux Śatakratu(6),

Yama, (l. 36) le roi des obstacles (Vighnārāja)[1], [Celui qui est au] sommet du monde des six classes d'êtres (Kāma)[2].

Les cinq grands éléments : terre[3], eau, feu, vent (sic). (l. 37) En langue de l'Inde : *aṣṭa graha* = les huit grandes[1] planètes : le soleil, la lune, Mars, Mercure, Jupiter, (l. 38) Vénus, Saturne, Feuillet III (l. 39) Rāhu. [Il y a] huit grands rois *nāga*[1] : le roi *nāga* nommé Vāsuki, le roi *nāga* nommé Ananta, le roi *nāga* nommé Kulika, (l. 40) le roi *nāga* nommé Karkoṭa, le roi *nāga* nommé Takṣaka, le roi *nāga* nommé Puṇḍarīka, (l. 41) le roi *nāga* nommé Śaṅkha, le roi *nāga* nommé Padma. Les vingt-huit *nakṣatra*, (l. 42) les quarante-neuf rois du vent, les soixante-quatre rois des nuages. L'ensemble des 1086 fils et filles de famille[1]. (l. 43) Les (l. 44) 10.000.000.000.000.000.000 d'étoiles[1] .... le nombre des étoiles du ciel. (l. 45) Les trois régions[1] : région du désir, région de la forme, région du non-formel[2]. (l. 46) Vingt [degrés dans] la région du désir, dix-sept [dans la] région de la forme, quatre [dans la] région du non-formel[1]. [Il y a] trois [divisions du] temps : passé, présent[2], (l. 47) avenir. La région des six classes d'êtres[1] : dieu, homme[2], *asura*, damné, animal[3], *preta*. (l. 48) [Il y a] quatre sortes de naissances[1] : né de l'œuf, né du corps, né de la chaleur et de l'humidité, né de l'esprit[2]. Tous ceux-là sont mobiles ou incapables de mouvement (l. 49) .... Le corps long, le corps épais, tous ceux-là sont d'origine élevée[1]. D'après la forme extérieure, [il y a] trois grandes (?) catégories[2] : oiseau, poisson, reptile : trois.

[3] C'est le *dharmarāja* de l'Inde [qui détient] la grande puissance magique, la grande force, le grand pouvoir et la grande science; (l. 50) le *dharmarāja* a fait tout celà. Le monde de la Loi[1], la non-naissance, la non-production, l'éminente pureté primordiale, la transformation d'homme en dieu .... (l. 51) tout a été enseigné par le *dharmarāja* de l'Inde[1]. Les germes de la Loi : (l. 52) bienveillance, compassion, joie, apathie[1], les quatre incommensurables, (l. 53) les dix vertus, les dix *pāramitā*, les dix vertus célestes[1], les dix [*pāramitā* de][2] pureté, les dix [*pāramitā*][3] (l. 54) disciplinaires, les dix *bhūmi*; Īśvara, grand, noble[1] protecteur, acquisition du pouvoir[3] des dix *bhūmi*, les dix pouvoirs magiques[3], Feuillet IV (l. 65) les dix buts[1], obtention du bonheur personnel et du bonheur d'autrui[2], puissant *muni*, obtention de la *siddhi* de l'atteinte des dix forces[3], (l. 56) consécration[1] de *vajrarāja*, consacré *śrīdharmarāja*.

Le roi Yudhiṣṭhira, le premier roi Rāma, (l. 57) le roi des mille pouvoirs magiques[1], le roi Rāmadeva, Rāma et Lakṣaṇa[2], le roi Karṇa, (l. 58) le roi Bāli, le roi Bimbacakrarāja, le roi Candraprabha, le roi Vikramāditya, (l. 59) le roi Mandahasti, le roi Ādimukuṭa, le roi Kamoja, le roi Unmattakesari, le roi Śaśāṅka[1], (l. 60) le roi Devendramuni, le roi Vajrendramuni[1], le roi Kanaradeva, le roi Kṛṣṇa, le roi Ha-bde-ba'i gdan[2], le roi (l. 61) Dharmāśoka, le roi Śrīharṣa, le roi Karṇaga, le roi Indrabodhi, (l. 62) roi *cakravartin* (1), roi *dharmacakravartin* (2), (l. 63) le roi Devadattamuni (1), le roi Jayabhūmisiddhi (2), le roi Khaḍgacakravartin (3) (4), le roi upāsaka Candra (5), (l. 64) le roi des singes (1) Hanumān, les roi des *rākṣasa* [de] Laṅkā [aux] dix crinières (2) (3). (l. 65) Le roi magique du Tibet [qui a le] troisième œil (1), Sroṅ-brcan-sgam-po (2), le *bcan-po* Khri-sruom-ldem (l. 66) brcan, le *bcan-po* Khri-gcug-lde-brcan *bcan-po* Ral-pa-čan ; tous ceux-là ont pratiqué (l. 67) la loi du grand véhicule; le *bcan-po* Khris-kyi-liṅ, [son] fils aîné [D]pal-byin-mgon (1), (l. 68) Bkra-śis-mgon, Leg-gcug-mgon, le *bcan-po* bKra-śis-rčags-pa-dpal, dPal-lde, (l. 69) 'O-lde, Khri-lde, le *bcan-po* bKra-śis-mgon-po, le *bcan-po* A-ca-ra (1), Khri-lde-mgon, (l. 70) Lha-čig-čag-śe ; tous ceux-là ont réalisé la puissance du Mahāyāna, (l. 71) réalisé la puissance sur les maîtres (1). Le *dharmarāja* a réalisé la puissance sur les hommes (2) et sur les dieux. Avalokiteśvara (l. 72) a été consacré sur tous les Buddha. Mañju-śrīkumāra (1) (l. 73) a été consacré sur les hommes. Le maître Sthiramati, le roi Vasubandhu, l'*ārya* Mahāsaṅga (1) ont fait les trois : la (Feuillet V) (l. 74) section des Sūtra, le Vinaya, l'Abhidharma (1). Après le temps de l'accomplissement de la pensée du Buddha (2) Śākya-(l. 75)muni. C'est le Buddha Śākya-muni (l. 76) qui a été consacré sur les dieux, les hommes, les *asura*, les six classes d'êtres, sur tous. (l. 76) Après le temps du Parinirvāṇa (3) de Śākya-muni(²), dans le monde de la loi du Mahāyāna. (l. 77) Le passé, le présent, l'avenir(¹). Buddha et Bodhisattva. (l. 78) Acquisition de la *siddhi* de la Bodhi suprême(¹). (l. 79) Après le Parinirvāṇa(²) de Śākya-muni(¹). Le puissant maître(³) l'*ārya* Nāgārjunahṛdaya(⁴), (l. 80) le roi des chiens Kukkurarāja (sic), le disciple auditeur Dharmāśoka, Śrīharśa, (l. 81) le roi Kanaka, le roi Indrabodhi, Gopadevī, [leur] fils Śākyabodhi(¹); une suite innombrable(²) de rois semblables (l. 82) ont ainsi réalisé et obtenu la puissance; en vue de l'acquisition de la puissance. (l. 83) Le fruit de l'accumulation de la sagesse et de l'accumulation du mérite. Possédant les cinq super-savoirs (*abhijñā*), possédant le fruit de corps, de parole(¹), de pensée, possédant la (l. 84) sagesse cognitive de tous les mondes de la loi, possédant les cinq corps, (l. 85) possédant les cinq yeux(¹), possédant les cinq sagesses, possédant les cinq super-savoirs (*abhijñā*), possédant les cinq agrégats (*skandha*), possédant les cinq qualités du désir, (l. 86) possédant les cinq organes des sens, possédant les cinq sciences, possédant les cinq sortes de Bodhisattva, possédant les cinq Tathāgata(¹), possédant les cinq familles, possédant les cinq femmes, (l. 87) possédant [la faculté (?) de] rendre propice(²) le roi des trois(¹) mondes, possédant [la faculté de] réaliser les huit grandes *siddhi*, possédant l'accumulation du *yoga*(³), ... (l. 88) possédant les quatre-vingts marques secondaires(¹) (*vyañjana*), possédant les trente-deux signes principaux (*lakṣaṇa*), possédant le diadème des cinq Dhyāni Buddha, possédant la puissance de l'obtention de la *siddhi* des trois mondes[2] (l. 89) ....[1], possédant Vajrapāṇi[2], *tantra siddhi*, *mantra siddhi*, *siddhi* de la Sagesse, (l. 90) *sādhana*[1] de la méditation (*dhyāna*), *sādhana*[2] de l'ambroisie (*rasa*), *siddhi* du corps, *siddhi* du fruit de médecine[3], *siddhi* du pied rapide, *siddhi* de la médecine de l'œil (*añjana*), (l. 91) *siddhi* de l'épée[1] (*khaḍga*), *siddhi* du soleil et de la lune, *siddhi* de la réalisation de tout désir [qui vient] à l'esprit, *siddhi* de l'entendement[3] du précepte[2], *siddhi* de la connaissance[4] des trésors souterrains, (l. 92) *siddhi* de la demi-tête d'*asura*[1], *siddhi* de la joie complète[2], *siddhi* du dieu de la richesse (Jambhala), *siddhi* .... de la reine de la Science[3], *sādhana* de la connaissance primordiale de tous les *dharma*, (l. 93) *siddhi* de la transformation de vieillard en jeune homme[1], *siddhi* de la vie[2], *siddhi* de la délivrance des huit [grandes] terreurs, *siddhi* de la suppression de la voîx[3].

Feuillet VI (l. 94)

Les 80 *vyañjana*, *ka*, *kha*, *ga*, *'ga*, *ṅa* — *ca*, *cha*, *ja*, *'ja'*, *ña* — (l. 95) *ta*, *tha*, *'da*, *da*, *nā* — *ta*, *tha*, *'da*, *tha*, *na* — *pa*, *pha*, *'ba*, *ba*, *ma'* — *ža*, *ra*, *la*, *'bā*, *sa*, *sa*, *sa*, *ha*, *khya'* — *ka*, (l. 96) *ka* — *ki*, *kī* — *ku*, *ku* — *ke*, *kaī* — *ko*, *kau* — *kaṅ*, *ka* — (*mukhasvara*, *khakhasvara*, (l. 97) *kumbhasvara*, *meghasvara*, *mṛgasvara*, (l. 98) *siddhirastu*) — *a*, *a* — *i*, *ī* — *u*, *u* — *ri*, *rī* — *li* — *lī* — *e*, *āi* — *o*, *au* — *am*, *a*. — (l. 99) Les trente-quatre alphabets, (l. 100) les douze ...., les vingt *mantra*, les cinq voyelles, (l. 101) les six lettres, corps, parole[1], esprit. (l. 102) Ce sont les quatre-vingts beaux (2. 101) signes[2], (l. 103) les trente-deux *lakṣaṇa*, *alikali*; (l. 104) c'est la racine du *mahāyoga*. (l. 105) En tibétain : *mudrā* de la loi, (l. 106) *mudrā* de l'œuvre, grande *mudrā*; ce sont les quatre grandes *mudrā* (sic). (l. 107) Les quatre ordres de vérités du grand véhicule. *Mantra*, *mudrā*, *samādhi*[1], les trois extases (l. 108) (*samādhi*); les quatre mères secrètes (l. 109) ....[1] moyen et de la sapience, c'est la doctrine du *yoga*. L'un[2] est semblable à un incohérent[3], l'un est semblable à un (l. 110) brahmane, l'autre est semblable à un *bhikṣu*, l'un parle beaucoup, l'autre (l. 111) ne dit rien, l'un se place à un endroit et y reste immobile, l'autre pénètre partout, l'un (a un) corps dans des corps multiples, (l. 112) l'autre se baigne dans ce qui est parfumé[1], l'un demande des mets variés[2], l'autre mange abondamment ce qui a une odeur agréable, l'un Feuillet VII (l. 113) ...., l'autre récite et fait de la musique, l'un est semblable à Yāmarākṣasa[1], (l. 114) l'autre est compatissant[1] et bienveillant pour tous, l'un enseigne à la manière d'un aveugle, l'autre .... [2] (l. 115) l'un est semblable à un bégayeur, l'autre est semblable à Vāgīśvara, l'un ressemble à un sourd, (l. 116) l'autre ressemble à celui qui entend les voix variées des dieux ...., l'autre pénètre tout l'espace[1]; fin.

(l. 117) Le fils du *dharmarāja* de l'Inde, Devaputra, qui connaissait la Loi sans avoir étudié [et] avait atteint la *siddhi* d'*ārya* (l. 118) Avalokiteśvara(1), s'étant rendu(2) au Tibet (l. 119) et ayant consacré tous les *bcan-po* divins de ce pays, (l. 120) médita [près du] Kailāsa(a). S'étant(2) baigné dans le lac Manasarovar(1), (l. 121) il se rendit(1) au monastère(a) de bSam-yas où il fut vénéré par l'école(?) de Bhagavat, son chef(?)(3) Jinajñāna, (l. 122) un grand nombre de savants éminents et par les deux groupes de la Communauté; puis des messagers et des serviteurs(1) lui ayant été octroyés, (l. 123) il se rendit dans le pays de Chine où il fut hautement vénéré par l'empereur de Chine et de nombreux ministres chinois; (l. 124) il contempla la face d'*ārya* Mañjuśrī sur la montagne aux cinq sommets(a) (Wou-t'ai-chan). (l. 125) Sur la route du retour(1) (l. 124) vers l'Inde, il s'arrêta(3) à Sug-ču(a)(2) et, ayant été vénéré par les seigneurs locaux, par les deux groupes [de la Communauté], le groupe des *yogin* porteurs (l. 126) de guirlandes et par tous les donateurs de Sug-ču, (l. 127) l'*ācārya*(1), le cœur plein de joie, enseigna(2) la loi du Mahāyāna.

(l. 127) Au milieu du 23e jour du premier mois de printemps(1) de l'année du bœuf, ayant terminé de réciter le Vajrarājendrāgama au *vajrarāja* de 'Bog, à Skya-phud, A-dge, aux *yogācārya*(1); (l. 130) il a commenté le Mantramudropadeśa(1).

Ecrit par dKon-mčhog-dpal de 'Bro.

V

PARTICULARITÉS ORTHOGRAPHIQUES

VARIANTES

(L'orthographe du manuscrit figure à gauche, l'orthographe moderne à droite. — Les restitutions figurent entre crochets, les corrections entre parenthèses.)

Ligne 1 (1) *sań-rgyas* — *sańs-rgyas.*
(2) *'phyag* — *phyag.*

Ligne 2 (1) *sań-rgyas* — *sańs-rgyas.*
(2) Aucune traduction tibétaine pour *pañci Buddha*; *rań-bžin-gi sań-rgyas* devrait figurer sous *tad-tha-ta 'bu-tha* (l. 3).

Ligne 3 (1) *byań-čhub-sems-pa* — *byań-chub-sems-dpa'.*
(2) *sań-rgyas* — *sańs-rgyas.*
(4) *sań-rgyas* — *sańs-rgyas.*
(3) *rab-bdun* = sept excellents, sept éminents; *sańs-rgyas-rabs-bdun* représente la traduction exacte du sanscrit (Jäschke, *Tibetan-English dictionary*, p. 571, art., *sańs-rgyas*).
(5) *bde-bar-gśags-pa* — *bde-bar-gśegs-pa.*

Ligne 4 (1) Le sanscrit et le tibétain ne concordent pas : la traduction tibétaine du terme *Arhan(ta) Buddha*[1], figure sous le sanscrit *Vītarāga Buddha*; sous *Arhan(ta) Buddha* se trouve
(2) le terme *rań-sań[s]-rgyas* (2), traduction de *Pratyeka Buddha.*
(6) (7) (*prad-ti-ka-'bu-tha*) (6) — *mdo-sde'i sańs-rgyas* (7) n'apparaît pas sous la forme sanscrite *Sūtra Buddha.*

Ligne 4 (3) *sgra-bčom-pa* — *dgra-bčom-pa.*

(4) *sań-rgyas* — *sańs-rgyas.*

(5) A propos de cette transcription voir Etude phonétique du texte III, § 14.

Ligne 5 (1) sanscrit : *samyak saṃbuddha.*

tibétain : *bla-na-myed-pa'i byań-čhub-kyi sańs-rgyas* qui doit être rendu par *anuttara-bodhibuddha.*

Traduction exacte de *saṃyaksaṃbuddha* = *yań-dag par rjogs-pa'i sańs-rgyas* (*Mahāvyutpatti*, éd., Denison Ross, I, p. 1).

(2) *sań-rgyas* — *sańs-rgyas.*

(3) sanscrit : *samskṛta.*

tibétain : *skad-zur.*

Ligne 6 (1) *vyākarana* (Sylvain Lévi, *Mahāyāna-sūtrālaṃkara*, p. 6 (7, 1).

(2) *prakaraṇa* (*Tāranātha, trad.*, p. 123 et 317).

(3) sanscrit : *darśana* = doctrine, opinion philosophique.

tibétain : *čhos-kyi sgo* = science de la Loi (?).

(4) sanscrit : *dharmacakranāmā[n]* [restitution douteuse].

tibétain : *čhos-kyi-sgo-mo*=the service of *dharma*, Sarat Chandra Das, *Tibetan-English dictionary*, p. 323, art., *sgo.*

(5) sanscrit : *caturaśīti* = 84.

tibétain : *brgyad-khri-bži-stoń* = 84.000.

Ligne 7 (1) Le tibétain ajoute *theg-pa* = *yāna.*

(2) Le tibétain ajoute *čhen-po* = *mahā.*

Ligne 8 (1) *rań-sań-rgyas* — *rań-sańs-rgyas.*

Ligne 9 (1) *byań-čhub-sems-pa* — *byań-čhub sems-dpa'.*

Ligne 14 (1) Le tibétain ajoute *čhen-po* = *mahā* et *gaṅ-la bya-že-na* (Jäschke, *Tibetan-English dictionary*, p. 65, 11ème ligne).

(2) Le tibétain ajoute *thams-čad* = *sarva*.

Ligne 15 (1) Le tibétain ajoute *ye-śes-sems-pa* (pour *ye-śes-sems-dpa'*) = *jñānasattva*.

(2) sanscrit : Lokeśvara.
tibétain : *spyan-ras-gzig(s) dbaṅ-phyug* = Avalokiteśvara.

(3) *rdo-rje-sems-pa* — *rdo-rje-sems-dpa'*.

Ligne 16 (1) Le terme *gsum*, placé au-dessous de *vāc*, est manifestement fautif; il faut rectifier en *gsuṅ* = *vāc*. Voir à le sujet l'intéressante remarque de M. B. Laufer dans sa traduction du *Citralakṣaṇa* (*Dokumente der Indischen Kunst, erstes Heft, Malerei*, Leipzig, 1913, p. 184).

(2) sanscrit : *kāya tantra*.
tibétain : *sku'i sbyor-ba* = *kāya yoga*.

Ligne 17 (1) *'gel-pa* (?).

(2) Le tibétain ajoute *zla* = *candra*. Nous obtenons ainsi le titre exact : Candraguhyatilaka *tantra*.

(3) Le tibétain ajoute *thigs-pa*.

(4) Le terme *thabs* doit être ici un substitut de *don-yod*.

Ligne 18 (1) Le tibétain ajoute *bam-po* = division et ne traduit pas *vajra*.

Ligne 19 (1) Le tibétain ajoute *thams-čad* = *sarva*.

(2) Le tibétain omet la traduction de *kalpa* et insère *'byuṅ-ba* = production.

(3) sanscrit : Lakṣmī.

Ligne 19 (3) tibétain : *yaṅ-dag* = *samyak*.

(4) Le tibétain ne rend pas *vivaraṇa*, mais il insère *(s)grub-pa* = *sādhana*.

Ligne 20 (1) Le tibétain ne traduit pas *ḍāmara*, mais il insère *'byuṅ-ba* = production.

Ligne 24 (1) *lo-phyi-ka'* — sans doute pour *no-phyi-ka*.

(2) *no-phyi-ka* est rendu sur notre document par *sgrub-thabs*. Le dictionnaire tibétain-anglais de Sarat Candra Das (*art.*, *no-pi-ka*, p. 744) cite une phrase du *Deb-ther sṅon-po* où l'on relève les deux expressions : « *no-pi-ka la-sogs sgrub-thabs maṅ-po bsgyur* » — « Il traduisit de nombreux ouvrages sur des rites propitiatoires, tel que *nopika* etc. ». Les expressions *no-pi-ka* et *sgrub-thabs* ont donc un sens distinct dans le *Deb-ther-sṅon-po*; alors, que dans notre manuscrit, l'un des termes n'est que la traduction de l'autre.

Ligne 25 (1) Le tibétain ajoute *legs-pa'i yon-tan dṅo(s)-grub* = siddhi de la vertu excellente.

(2) Le tibétain ajoute *sde-snod* = *piṭaka*.

(3) Le tibétain ajoute *rgya-gar* = Inde et *bstan-pa yin-no* = (qui) ont été enseignés.

Ligne 27 (1) sanscrit : Aparagodāvari.

tibétain : *nub-kyi ban-glaṅ-spyod* = *aparagodānīya*.

(2) Le tibétain ne traduit pas *dvīpa*.

Ligne 28 (1) Le tibétain ajoute *jam-bu-gliṅ* = Jambudvīpa.

(2) Le tibétain ajoute *sgra-myi-sñen* = *kuru*; remarquer la forme archaïque *myi*.

Ligne 29 (1) Le tibétain ajoute *lus-'phags-po* = Videha.

Ligne 29 (2) Le tibétain ajoute *lho'i* = *du sud.*

Ligne 30 (1) Le tibétain ajoute *nub-kyi ban-glaṅ-spyod.*

(2) *zum-po* — *zlum-po.*

(3) Le tibétain ajoute *gliṅ* = *dvīpa.*

(4) Le tibétain ajoute *myi yaṅ gru-bži* = les hommes aussi [sont] carrés.

(5) Le tibétain ajoute *dbus-na*; remarquer la traduction de *nilaya* par *bžugs-na-pa.*

Ligne 31 (1) Le tibétain ne traduit pas *loka* = *khams.*

(2) Le tibétain ajoute *lus-phags-po* = Videha, mais ne traduit pas *pūrva* = *śar-gi°.*

(3) Le tibétain ne traduit pas *dakṣiṇa* = *lho'i°.*

Ligne 32 (1) Le tibétain ne traduit pas *uttara°* = *byaṅ-gi°.*

Ligne 33 (1) La rédaction sanscrite assigne la royauté de l'est à Virūḍhaka; Virūḍhaka règne sur le sud.

(2) (3) tibétain *lho'i*; le sanscrit Jambudvīpa n'est pas rendu. Le texte sanscrit donne Jambudvīpa rāja Virūpākṣa; c'est Virūḍhaka qui règne sur cette région.

(4) Le tibétain donne seulement *nub-kyi* = *apara*; Godānīya n'est pas traduit.

Ligne 34 (1) La royauté de l'est revient à Virūpākṣa, en tibétain dMyig-myi-bzaṅ. Remarquer la forme particulière de *dmyig* = *mig* (œil), des textes modernes. Cette mouillure de la nasale labiale revient dans *myi*, *myed* et affecte, par contamination, les formes sanscrites correspondantes du texte, y compris l'occlusive labiale sonore. (Au sujet de *dmyig*, voir B. Laufer, Bird Divination among the Tibetans, *T'oung Pao*, II, XV, pp. 106, 108.)

Ligne 35 (1) sanscrit : *aṣṭa lokapāla.*
tibétain : *lha-čhen-po-brgyad* = les huit grands dieux.
(2) Le tibétain ajoute *bram-ze* = brahmane.
(3) sanscrit : Viṣṇu.
tibétain : *bya-ba nan-tan.*
(4) sanscrit : Nārāyaṇa.
tibétain : *gžo(n)-nu kar-ti-ka* = *kumāra kartika.*
(5) sanscrit : Maheśvara.
tibétain : *lha čhen-po* = Mahadeva.
(6) sanscrit : Indrarāja.
tibétain : *lha'i dbaṅ-po [b]rgya-byin* = le maître des dieux Śatakratu.

Ligne 36 (1) sanscrit : Vināyaka.
tibétain : *bgegs-kyi rgyal-po* = Vighnarāja.
(2) sanscrit : Kāma deva.
tibétain : *'gro-ba rigs-drug srid-pa'i rce-mo* = celui qui est à la tête des six classes de créatures.
(3) *sa'* — *sa.*

Ligne 37 (1) Le tibétain ajoute *čhen-po* = *mahā.*

Ligne 39 (1) Le tibétain ne traduit pas *kula*, mais ajoute *čhen-po* = *mahā.*

Ligne 42 (1) sanscrit : *ṛṣi.*
tibétain : *rigs-kyi bu daṅ rigs-kyi bu-mo thams-čad 'dus pa* = l'ensemble des fils et des filles de famille.

Ligne 44 (1) sanscrit : *śatakoṭilakṣaśatasahasrāṇi.*
tibétain : *'bum-brgya' khri-phrag stoṅ brgya'* = ce qui paraît équivaloir à un sanscrit *lakṣaśatakoṭisahasraśatāni.* Un élément d'in-

certitude est introduit par suite du flottement de la valeur de *koṭi*, aussi bien dans les traductions chinoises que tibétaines ; pour les chinois, cfr. Pelliot, *T'oung Pao*, 1918/1919, p. 343.

Ligne 45 (1) *kham* — *khams*.

(2) *myed* — *med*.

Ligne 46 (1) *myed* — *med*.

(2) Le tibétain ajoute *dus gsum-la* = [il y a] trois époques.

Ligne 47 (1) Le tibétain ne rend pas *agati*.

(2) Les termes de la traduction sont intervertis : *myi* doit correspondre à *manuṣa*, *lha-ma-yin* à *asura*.

(3) *byoul-soṅ* — *byol-soṅ*.

Ligne 48 (1) Le tibétain ajoute *skye-ba rnam-bži-la* = [il y a] quatre sortes de naissances.

(2) sanscrit : *svayambhū jātaka*.
tibétain : *yid-nas skyes-pa* = né de l'esprit.

Ligne 49 (1) sanscrit : *bhūta*.
tibétain : *'byuṅ-ba*, traduction correcte : *'byuṅ-po*.

(2) Le sanscrit ajoute *krama*, le tibétain *čhen-po lags-so*.

(3) Le tibétain ajoute ensuite *gzugs-la čhe-ba rnam gsum-la bya daṅ ña daṅ sbrul daṅ | gsum | sprul-ba čhe-ba stobs čhe-ba daṅ mthu čhe-ba daṅ mkhyen-pa čhe-ba ni* = Dans la forme extérieure, [il y a] trois grandes divisions, oiseau, poisson, serpent — trois .... la grande puissance magique, la grande force, la grande puissance, la grande sagesse.

Ligne 49 (3) Le tibétain ajoute *rgya-gar* = Inde.

Ligne 50 (1) *anutpannotpāda.* Sylvain Lévi, *Mahāyāna-sūtrālaṃkara*, p. 123 (52).

Ligne 51 (1) Le tibétain ajoute 1° *rgya-gar* = Inde 2° *bstan-pa yin-no* = a enseigné 3° *čhos-kyi rgyu-ni* = germes de *dharma*.

Ligne 52 (1) *btaṅ-sñom* — *gtaṅ-sñoms*. Voir Sylvain Lévi, op. cit., p. 8 (8, 6).

Ligne 53 (1) sanscrit : *daśa pāramitāśraya.*
tibétain : *dge-ba bču mthar-phyin-pa* = dix vertus célestes.

(2) (3) Le tibétain ne traduit pas *pāramitā.*

Ligne 54 (1) Le tibétain ajoute *čhen-po dpal* = *mahāśrī.*

(2) sanscrit : *daśa bhūmi pratiṣṭhitaḥ* = fondé sur les dix *bhūmi.*
tibétain : *sa-bču'i dbaṅ-thob-pa* = atteinte du pouvoir des dix *bhūmi.*

(3) sanscrit : *daśākāro.*
tibétain : *sprul-pa bču* (Sarat Chandra Das, *Tibetan-English dictionary*, p. 812).

Ligne 55 (1) Le tibétain traduit *daśārtha* par *dṅos-grub-bču* qui est manifestement fautif; c'est *don-sgrub* qui traduit généralement *artha.*

(2) sanscrit : *artho.*
tibétain : *raṅ-don daṅ (g)žan don-grub* qui suppose un sanscrit *svaparārtha.*

(3) sanscrit : *daśa balovibhū* (?).
tibétain : *stobs bču'i rig(s) 'jin-gi dṅos-grub thob* = obtention de la *siddhi* de l'atteinte des dix forces.

Ligne 56 (1) *abhiṣeka* se rend ordinairement par *bdaṅ-bskur-ba*; ce terme est traduit ici par *dbaṅ-thob-pa*, obtenir la puissance et, par extension, consacré.

Ligne 57 (1) sanscrit : *sahasra[bāhu] arjuna* = Arjuna aux mille bras.
tibétain : *sprul-pa stoṅ-gi rgyal-po* = Le roi des mille pouvoirs magiques.
(2) sanscrit : Rāmaṇa Rāma rāja.
tibétain : *ra-ma-na daṅ lag-śa-na.*

Ligne 59 (1) Le traducteur tibétain s'est mépris sur le sens du mot *śaśāṅka* qu'il rend par *duṅ-'bud* = *śaṅkha.*

Ligne 60 (1) sanscrit : Rasendra rāja.
tibétain : *rdo-rje-dbaṅ-po-thub-pa'i rgyal-po* = Vajrendramuni rāja.
(2) sanscrit : Śambukadevarāja.
tibétain : *rgyal-po ha-bde-ba'i gdan.*

Ligne 62 (1) sanscrit : *cakravarti* rāja.
tibétain : *'khor-lo ñan-btub-pa'i rgyal-po.*
(2) *'khor-lo rgyur-ba'i rgyal-po — 'khor-los sgyur-ba'i rgyal-po.*

Ligne 63 (1) sanscrit : Vidyādharacakravarti rāja.
tibétain : *lha(s)-byin-thub-pa'i rgyal-po* = Devadattamunirāja.
(2) sanscrit : Haracandranāma rāja.
tibétain : *rgyal-sa grub-pa'i rgyal-po.*
(3) *ral-gi — ral-gri.*
(4) *'khor-lo rgyur-ba'i rgyal-po — 'khor-los sgyur-ba'i rgyal-po.*
(5) sanscrit : Candragomi rāja.

Ligne 63 (5) tibétain : *dge-bsñen zla-ba'i rgyal-po* = Upāsaka-candra rāja.

Ligne 64 (1) Pas de traduction tibétaine.

(2) Le tibétain ajoute *spre'u-gi*.

(3) Le sanscrit donne *grīva* = cou, le tibétain [*m*]*griṅ* = crinière.

Ligne 65 (1) *dmyig* = œil, forme archaïque.

(2) voir notes LXII.

Ligne 67 (1) *pal* — *dpal*.

Ligne 69 (1) *can-po* — *bcan-po*.

Ligne 71 (1) *slobs-dpon* — *slob-dpon*.

(2) *myi*, forme archaïque.

Ligne 72 (1) *gžu-nu* — *gžon-nu*.

Ligne 73 (1) voir notes LII.

Ligne 74 (1) *mṅon-pa* pour *čhos-mṅon-pa'i sde-snod* = Abhidharmapiṭaka. Sarat Candra Das, *Tibetan-English dictionary*, p. 363.

(2) *śag-thub-pa* — *śakya-thub-pa*.

Ligne 76 (1) (2) *śag-kya* — *śā-kya*.

(3) *mye-ṅan-la 'das-pa* — *mya-ṅan-las 'das-pa*.

Ligne 77 (1) sanscrit : *atītānagatavartamana* = passé, avenir, présent.

tibétain : *che-rabs sṅa-ma che 'di che-phyi-ma* = passé, présent, avenir.

Ligne 78 (1) Le tibétain ne traduit pas *samyak* = *yaṅ dag*; par contre on a *dṅos-*(*s*)*grub thob-pa* = acquisition de la *siddhi*.

Ligne 79 (1) *śag-kya* — *śākya*.

(2) *mye-ṅan-la 'das-pa* — *mya-ṅan-las 'das-pa*.

(3) *slobs-dpon* — *slob-dpon*.

(4) *klun-grub* — *klu-sgrub*.

Ligne 81 (1) *śag-kya* — *śākya.*
(2) *myed,* forme archaïque de *med.*
Ligne 83 (1) *gsum* — *gsuṅ,* voir ligne 16 (1).
Ligne 85 (1) Le tibétain ajoute *daṅ-ldan.*
Ligne 86 (1) *de bzin-gśags-pa* — *de bžin-gśegs-pa.*
Ligne 87 (1) *sum* — *gsum*; disparition du *g* préfixe suivant une sifflante finale et placé devant sifflante (assimilation par contact).
(2) Le tibétain ajoute *bsgrub-pa* — *sgrub-pa* (?).
(3) sanscrit : *akārādi.*
tibétain : *rnam-sbyor chogs daṅ-ldan.*
Ligne 88 (1) Le tibétain ne traduit pas *alaṃkṛtaḥ* = orné.
(2) *sum* — *gsum.*
Ligne 89 (1) sanscrit : *buddho 'ham* = je suis Buddha.
tibétain : *bdag daṅ saṅs-rgyas mtha'-myi dad-pa daṅ-ldan* = moi et le Buddha sommes proches (?).
(2) sanscrit : *vajradharo 'ham* = je suis Vajradhara.
tibétain : *lag-na rdo-rje daṅ-ldan* = possédant Vajrapāṇi.
Vajradhara se rend en tibétain par *rdo-rje-'čhaṅ.*
Ligne 90 (1) sanscrit : *siddhi.*
tibétain : *sgrub-pa* = *sādhana.*
(2) *bsgrub-pa* — *sgrub-pa.*
(3) sanscrit : Guḍika siddhi.
tibétain : *sman-gi 'bras-bu dṅos-grub* = *siddhi* du fruit de médecine.
Ligne 91 (1) *ral-gi* — *ral-gri.*
(2) *bka* — *bka'.*
(3) Le tibétain ajoute *ñan-bar* = à entendre.
(4) Le tibétain ajoute *śes-par* = à connaître.

Ligne 92 (1) sanscrit : Bila siddhi = *siddhi* des trous.
tibétain : *lha-ma-yin-gi sgo-phye-ba'i dṅos-grub* = *siddhi* de la demi-tête d'*asura*.
(2) sanscrit : Vaśikaraṇasiddhi = *siddhi* de la sujétion (?).
tibétain : *kun-dges-pa'i dṅos-grub* = *siddhi* de la joie complète.
(3) sanscrit : Vasudhāra siddhi.
tibétain : *rig-pa'i rgyal-mo'i 'bru'i dṅos-grub* = *siddhi* de .... de la reine de la science.

Ligne 93 (1) Le tibétain ne traduit pas *dīrgha*.
(2) Le tibétain ajoute *thar-pa* = délivrance.
(3) *sgra* — *dgra* (?).

Ligne 101 (1) Voir ligne 16 (1).
(2) *pe byad* — *dpe byad*.

Ligne 107 (1) *ti-ṅe* — *tiṅ-ṅe*.

Ligne 109 (1) *bsogs-te* (?).
(2) *res-ga* — *res-'ga'*.
(3) *yig-phrug* = incohérent.

Ligne 112 (1) sanscrit : *mṛṣṭa*.
tibétain : *dri-žim* = parfumé.

Ligne 113 (1) Le tibétain ajoute *gśin-rje* = Yama.

Ligne 114 (1) Le tibétain ne traduit pas *atmaka*.
(2) Le tibétain ajoute *bži khams gsum kuṅ kyaṅ sa legs snaṅ* (?).

Ligne 116 (1) sanscrit : *kaścit nānarūpadhara yogi paricaranti*.
tibétain : *res-ga nam-[m]ka' kun-tu khyab* = l'un pénètre complètement l'espace.

Ligne 118 (1) *spyan-ras-gzig* — *spyan-ras-gzigs*.
(2) *gśes* — *gśegs*.

Ligne 119 (1) *bskurs* — *bskur*.
Ligne 120 (1) *mcho-ma-'phaṅ* — *mcho-ma-pham*.
(2) *brgyis* — *bgyig*.
Ligne 121 (1) *gdan-gśags* — *gdan-gśegs*.
(2) *dbas* (2).
Ligne 122 (1) *rim-mgro'* — *rim-'gro*.
Ligne 124 (1) *gśags* — *gśegs*.
Ligne 125 (1) *śul-khar* — *bśul-khar*.
(2) *sug-ču* = Sou-tcheou.
(3) *gdan-gśags* — *gdan-gśegs*.
Ligne 127 (1) *slobs-dpon* — *slob-dpon*.
(2) *bka-rcal* — *bka'-scal*.
Ligne 128 (1) *dpyid-sla-ra-ba* = le premier mois de printemps.

M. A. H. Francke a relevé la même particularité orthographique (*sla*), en étudiant les documents découverts par Sir Aurel Stein à Mirān et à Mazār (A. H. Francke, *Notes on Sir Aurel Stein's collection of Tibetan documents from Chinese Turkestan*, *J. R. A. S.*, 1914, p. 48). Les éditions modernes de la version tibétaine du Lalitavistara donnent toujours la leçon *dpyid-zla* (*dpyid-kyi dus-la dpyid-zla tha čhuṅ-gi che*; Foucaux, *rGya-čher-rol-pa*, 1ère partie, texte tibétain, ch. VI, p. 51).

Dans notre texte les noms de rois en *candra* ont une contre-partie tibétaine en *zla*.

Ligne 129 (1) Le tibétain donne *rNal-'byor-slob(s)-dpon* = *yogācārya*.

M. Sylvain Lévi a fait d'intéressantes remarques sur les traductions de *yogācārya* et de *yogācāra*. « Les Tibétains, dit-il, traduisent littéralement (*yogācāra*) par *rNal-'byor* (*yoga*) *spyod-pa* (*car°*). Les Chinois ont adopté la forme moitié transcription, moitié traduction *yu-k'ie che* = maître du Yoga, où le mot *che* répondrait à *ācārya* comme si le nom du système était « Yogācārya ». Hiuan-tsang lui-même conserve cette forme pourtant inexacte. Mais les chinois désignent de préférence ce système sous le nom de *Wei-chi*, ordinairement rendu (aussi dans le *Tche-yuen-lou*) par Vidyā-mātra, mais qui a pour correspondant exact le sanscrit Vijñāna-mātra. Les Japonais désignent cette école sous le nom de Hossō (chinois : *fa-siang*) = *dharma-lakṣaṇa.* » (Sylvain Lévi, *Mahāyāna-sūtrālaṃkara*, p. XVI, *rem.* 1.)

Ligne 130 (1) *man-gaṅ* — *man-ṅag*.

sṅags daṅ phyag-rgya man-ṅag = *mantra-mudropadeśa* rapprocher du *Mahāmudropadeśa vajraguhyagīti*, en tibétain *phyag-rgya čhen-po'i man-ṅag rdo-rje gsaṅ-ba'i glu*. (Tandjour, *rGyud-'gul*, vol. *cha.*, f°s 71[a], 6-79[a]. — P. Cordier, *Catalogue du fonds tibétain de la Bibliothèque Nationale*, 2e *partie*, *Index du bStan-'gyur*, *rGyud-'grel*, XVIII, 100, p. 247.)

VI

RUBRIQUES – COMMENTAIRES
ÉTUDE HISTORIQUE

I (ligne 2)

Buddha svayambhūta.

II (ligne 2)

Pañci Buddha.

(*Dharmasaṃgraha*, III; *pañca* Buddhāḥ.)

III (ligne 3)

Tathatā Buddha.

IV (ligne 3)

Siddha Buddha.

V (ligne 3)

Buddhe sapta.

(*Dharmasaṃgraha*, VI; *sapta* Tathāgatāḥ.)

VI (lignes 3 et 4)

Epithètes.

1° Tathāgata Buddha 2° Sugata Buddha 3° Arhan(ta) Buddha 4° Vītarāga Buddha 5° Ārya Buddha 6° Śrāvaka Buddha 7° Pratyeka Buddha 8° Samyak-saṃbuddha.

Les épithètes 1, 2, 3, 8, se retrouvent dans la *Mahāvyutpatti* (*Ed.* Mironov, § 1, 2, 3, 4, 6); (*Ed.* Denison Ross, § 1, 2, 3, 4, 6); (*Ed.* Sakaki, § 1, 3, 7, 4, 5).

VII (ligne 5)

Buddha Buddha guṇa.

VIII (ligne 5)

Catvāri Saṃskṛta.

IX (ligne 6)

Aṣṭa Vyākaraṇa.

Quatre seulement dans Mahāvyutppatti, § 86 (*catvāri* Vyākaraṇāni).

1° Ekaṃśa 2° Vibhajya 3° Paripṛcchā 4° Sthāpanīya.

Détails sur Vyākaraṇa dans Sylvain Lévi, *Mahāyāna-sūtrālaṃkara*, p. 6 (7, *rem.* 1).

X (ligne 6)

Ṣoḍaśa prakaraṇa.

Mahāvyutpatti, *éd.* Mironov, § 66 (14), 281 (11) — mention sans indications numériques; Tāranātha: *trad.* p. 123, 317.

XI (ligne 6)

Ṣaḍ darśana.

Mahāvyutpatti, *éd.* Mironov, § 66 (11).

XII (ligne 6)

Ṣaṭ tarka.

Mahāvyutpatti, *éd.* Mironov, § 199 (12).

XIII (ligne 6)

Caturaśīti dharma-cakra-nāmān (?).

Mahāvyutpatti, *éd.* Sakaki, § 64 (titre restitué d'après la version tibétaine); seize termes sont énumérés.

XIV (ligne 7)

Nava krama.

1° *myi* (homme) 2° *lha* (dieu) 3° *ñan-thos* (śrāvaka) 4° *rañ-sañs-rgyas* (Pratyeka Buddha) 5° *mdo-sde* (sūtra) 6° *byañ-čhub-sems dpa'* (Bodhisattva) 7° *yoga* 8° *kriyā* 9° *upāya*. *Dharmasaṃgraha*, II (trois véhicules seulement) — *Mahāvyutpatti*, *éd.* Mironov et Sakaki, § 59 (*yāna kramaḥ*), et Denison Ross, § XXII (54) — six véhicules : 1° Mahā-yānam 2° Pratyeka-buddha-yānam 3° Śrāvaka-yānam 4° Hīna-yānam 5° Prādeśika-yānam 6° Eka-yānam.

XV (ligne 9)

[Les quatre divisions du Yoga.]

1° Yoga 2° Mahāyoga 3° Anuyoga 4° Atiyoga.

XVI (ligne 11)

[Les quatre divisions de la Kriyā.]

1° Śrāvaka 2° Pratyeka Buddha 3° Sūtrānta 4° Bodhisattva.

XVII (ligne 12)

[Les quatre divisions de l'Upāya.]

1° acquisition du fruit de Śrāvaka 2° acquisition du fruit de Pratyeka Buddha 3° acquisition du fruit de Bodhi 4° fruit de Sūtrānta.

XVIII (ligne 14—23)

Ṣaṭtriṃśat Yogatantra.

1° Tantra māyājāla (*Rgyud*, VI, 9, *folios* 96—156); Bunyū Nanjō, *Catalogue*, No. 1022 2° Śrīsamāja tantra 3° Vairocana māyājālatantra 4° Mañjuśrī māyājāla tantra

5° Lokeśvara māyājālatantra 6° Vajrasattva māyājāla-tantra 7° Devī māyājāla tantra 8° Kāya, vāk, citta tantra 9° Kāya tantra sarva Buddha samayoga 10° Vāk tantra 11° [Candra] guhyatilaka [tantra] (*Rgyud*, VII, 6, *folios* 122—213) 12° Guhyasamajamūla tantra (*Rgyud*, V, 2, *folios* 64—167; Bunyū Nanjō, *Catalogue*, No. 1027 13° Amoghapāśa tantra 14° Guhyagarbha tantra 15° Vajrāmṛta tantra (*Rgyud*, IV, 12, *folios* 250—266) 16° Vajracaturbṛṣi tantra (*Rgyud*, IV, 6, *folios* 57—128) (?) 17° Herukādbhūta tantra (*Rgyud*, III, 2, *folios* 192—236) 18° Mārīcī kalpatantra 19° Lakṣmī sādhanatantra 20° Pañca skandhavivaraṇa tantra 21° Bhūtaḍāmara tantra (*Rgyud*, XV, 7, *folios* 66—105); Bunyū Nanjō, *Catalogue*, No. 1031 22° Yogottara tantra 23° Yoganirodha tantra 24° Yoginī tantra 25° .... tantra 26° Advayasiddhi tantra 27° Samayasiddhi tantra 28° Laṅkāvatāra tantra 29° Ratnāvalī tantra 30° ...... tantra 31° Sugatatilaka tantra.

XIX (ligne 23)

[Les dix mille Nopika.]

Divisés en trois groupes (XXI, XXII, XXIII); sur Nopika, v. Sarat Chandra Das, *T.-E. d.*, p. 744.

XX (ligne 24)

Traya Sādhana.

XXI (ligne 24)

Maṇḍala Nopika.

XXII (ligne 24)

Deva Nopika.

XXIII (ligne 25)

Sādhana nopika.

XXIV (ligne 26—33)

Cosmologie.

Mahāvyutpatti, *éd.* Mironov, § 154; *éd.* Sakaki, § 155.

Voir à ce sujet : A. H. Francke, *Ladvags rgyal-rabs*, *I. & P. A. S. B.*, VI, p. 395; L. de la Vallée Poussin, *Bouddhisme Etudes et Matériaux. Cosmologie : Le monde des êtres et le monde-réceptacle — Vasubandhu et Yaçomitra. Troisième chapitre de l'Abhidharmakoça. Versions et textes établis d'après les sources sanscrites et tibétaines (Académie royale de Belgique, classe des Lettres et des Sciences morales et politiques et classe des Beaux-Arts, Mémoires, II*[e] *série, tome* VI, p. 76, 77.

XXV (ligne 33 et 34)

[Les quatre grands rois.]

1° Pūrvarāja Virūḍhaka [Dhṛtarāṣṭra] 2° Jambudvīparāja Virūpākṣa [Virūḍhaka] 3° Aparagodāvarīrāja Adipotāya (?) [Virūpākṣa] 4° Uttarakururāja Vaiśravaṇa.

Les noms des quatre Lokapālas se trouvent à la suite du no. 31 (Lokapālaḥ) du § 164 de la *Mahāvyutpatti* (Lāukika-devatāḥ).

XXVI (ligne 35 et 36)

Aṣṭa lokapāla.

1° Brahmā 2° Viṣṇu 3° Nārāyaṇa 4° Maheśvara 5° Indra 6° Yama 7° Vināyaka 8° Kāma.

Dharmasaṃgraha, VIII (aṣṭau lokapālāḥ), mentionne nos. 5 et 6; *Mahāvyutpatti*, § 164, mentionne nos. 1, 2, 4, 8.

XXVII (ligne 36)

Pañca mahābhūta.

1° Pṛthivī 2° Apaḥ 3° Tejaḥ 4° Vāyu.

Dharmasaṃgraha, XXXIX (pañca mahābhūtāni); *Mahāvyutpatti*, § 101 (*catvāri mahābhūtāni* : *pṛthivi-dhātuḥ*, *ab-dhātuḥ*, *tejo-dhātuḥ*, *vāyu-dhātuḥ*); *éd.* Denison Ross, § LXXIV (93).

XXVIII (ligne 37 et 38)

Aṣṭa graha.

1° Āditya 2° Candra 3° Maṅgala 4° Budha 5° Bṛhaspati 6° Śukra 7° Śanaiścara 8° Rāhu.

Remarquer que l'énumération suit l'ordre de l'hebdomade. *Mahāvyutpatti*, *éd.* Mironov, § 164 (nava-grahāḥ) ajoute Ketu; *éd.* Sakaki, § 165.

XXIX (ligne 39—41)

Aṣṭa kula nāgarāja.

1° Vāsuki 2° Ananta 3° Kulika 4° Karko(r)ṭa[ka] 5° Takṣaka 6° Puṇḍarīka 7° Śaṅkha 8° Padma.

Mahāvyutpatti, *éd.* Mironov, § 167; *éd.* Sakaki, § 168. Puṇḍarīka n'est pas mentionné.

XXX (ligne 41)

Aṣṭaviṃśati nakṣatra.

Mahāvyutpatti, § 165, 166 (*éd.* Sakaki) (*aṣṭaviṃśati-nakṣatrāṇi*).

XXXI (ligne 42)

Unāpañcaśat vāyurāja.

XXXII (ligne 42)

Catuḥṣaṣṭi megharāja.

XXXIII (ligne 42)

Ṣaḍaśītisahasra ṛṣi.

XXXIV (ligne 43 et 44)

Tārakā śatakoṭi(na)lakṣaśatasahasrāṇi.

XXXV (ligne 45 et 46)

Trai dhātuka.

1° Kāmadhātu 2° Rūpadhātu 3° Arūpadhātu.

1° Kāmadhātu viṃśakānuṣṭhāna 2° Rūpadhātu saptadaśa 3° Arūpadhātu catvāri.

Māhavyutpatti, éd. Mironov, § 155; éd. Sakaki, § 156.

XXXVI (ligne 46 et 47)

[Les divisions du temps.]

1° Bhūta 2° Bhaviṣya 3° Vartamāna.

XXXVII (ligne 47)

Ṣaḍ agatigatilokadhātu.

1° *deva* 2° *asura* 3° *mānuṣa* 4° *naraka* 5° *tiryak* 6° *preta*.

Dharmasaṃgraha, LVII (*gatayaḥ ṣaṭ*).

XXXVIII (ligne 48)

[Les quatre sortes de naissances.]

1° *aṇḍa jātaka* 2° *jārā*[*yu*] *jātaka* 3° *uṣṇa jātaka* 4° *svayambhū jātaka*.

Dharmasaṃgraha, XC (*catvāro yonayaḥ*); *Mahāvyutpatti*, § 117 :

1° *jārāyujāḥ* 2° *aṇḍajāḥ* 3° *saṃsvedajāḥ* 4° *upapādukāḥ* (*aupapādukāḥ*).

XXXIX (ligne 52)

Catur brāhmavihāra.

1° *karuṇā* 2° *maitrī* 3° *muditā* 4° *upekṣā*.

Dharmasaṃgraha, XVI (catvāro brahmavihārāḥ); *Mahāvyutpatti*, § 69 (catvāryapramāṇāni).

XL (ligne 52 et 53)

Daśa kuśalakarmapatha.

Mahāvyutpatti, § 92 (daśa kuśalāni); Sylvain Lévi, *Mahāyāna-sūtrālaṃkāra*, p. 65 (17, *rem.* 1).

XLI (ligne 53)

Daśa pāramitā.

Dharmasaṃgraha, XVIII; *Mahāvyutpatti*, § 34; *éd.* Denison Ross, § X.

XLII (ligne 53)

Daśa pāramitāsraya.

XLIII (ligne 53)

Daśa pāramitāśuddhi.

XLIV (ligne 53 et 54)

Daśa pāramitānaya.

XLV (ligne 54)

Daśa bhūmīśvara nātha.

Dharmasaṃgraha, LXIV (daśa bhūmayaḥ); *Mahāvyutpatti*, § 31.

XLVI (ligne 54)

Daśa bhūmipratiṣṭhita.

XLVII (ligne 54)

Daśa ākāro.

XLVIII (ligne 55)

Daśa artho.

XLIX (ligne 55)

Munīndro daśa balo (?).

L (ligne 56—64)

[Liste de rois.]

Vajrarājābhiṣeka, Śrīdharmarājābhiṣikta, Yudhiṣṭhira (*Mahāvyutpatti*, *éd.* Mironov, § 185; *éd.* Sakaki, § 186), Paraśurāma, Sahasra[bāhu]arjuna (*Mahāvyutpatti*, *éd.* Mironov, § 185; *éd.* Sakaki, § 186), rāja Rāma deva, Rāmaṇa, Rāma raja (Tāranātha, *trad.* p. 26), Karṇa rāja (Tāranatha, *trad.* p. 260—264), Bāli rāja, Candraprabha rāja, Vikramāditya rāja (Tāranātha, *trad.* p. 313, 318), Mandahasti rāja, Ādimukuṭa rāja, Kamoja rāja, Unmattakesari rāja, Śaśāṅka rāja, Devendra rāja, Rasendra rāja, Kanaradeva rāja, Kṛṣṇa rāja, Śambūka deva rāja, Dharmāśoka rāja (Tāranātha, *trad.* p. 39), Śrīharṣa rāja (Tāranātha, *trad.* p. 2, 126, 128), Karṇaga rāja, Indrabodhi rāja (Grünwedel, *Die Geschichten der vierundachtzig Zauberer* [*Mahāsiddhas*], aus dem Tibetischen übersetzt, *Baessler Archiv*, Band V, Heft 4/5, Berlin 1916, p. 185), Khaḍgatuṅga rāja, Dharmacakravartirāja, Vidyādharacakravartirāja, Haracandrarāja (Tāranātha, *trad.* p. 2, 68, 78), Khaḍgacakravartirāja, Candragomi rāja, Hanuman rāja, daśagrīva Rāvaṇa rākṣasa rāja.

LI (ligne 65—71)

[Liste de rois tibétains.]

1° Sroṅ-brcan sgam-po. Le K'i-tsong-long-tsan des historiens chinois, meurt en 650.

2° Khri-sruom-ldem-brcan-[Khri-sroṅ-lde-bcan]. En transcription chinoise : K'i-li-sou-long-lie-tsan (P. Pelliot, *Quelques transcriptions chinoises de noms tibétains*, *T'oung Pao*, II, XVI, p. 6), ou K'i-li-si-long-na-tsan (transcription du *T'ong tien* de Tou Yeou). Ce *bcan-po* monte sur le trône en 755 (date du *T'ong tien*). Ce monarque accueille le fameux nécromant Padmasambhava et bâtit le couvent de bSam-yas. Il meurt en 797 (A. Grünwedel, *Padmasambhava und Verwandtes*, *Baessler Archiv*, Band III, Heft 1, Berlin 1912). A propos de l'orthographe Khri.....ldem (forme habituelle Khri-lde), noter la même particularité dans les documents de la mission de Sir Aurel Stein, étudiés par M. A. H. Francke (*J. R. A. S.*, 1914, p. 40).

3° Khri-gcug-lde-brcan — ral-pa-čan. Ce *bcan-po* est très fréquemment désigné par le surnom Ral-pa-čan (sanscrit : Keśarin); Schlagintweit mentionne en outre (*Die Könige von Tibet*, p. 849, *rem.* 2), sans indication de source, une contraction Khri-ral empruntant le premier élément du nom et le terme *ral* pour *ral-pa*, chevelure. Le nom complet et le surnom postposé, figurent tout au long dans le *rGyal-rabs rnams-kyi 'byuṅ chul gsal-ba'i me-loṅ čhos 'byuṅ*. L'emploi du surnom isolé (Ral-pa-čan), d'une contraction nom-surnom (Khri-ral), d'un composé à surnom postposé (Khri-gcug-lde-bcan-ral-pa-čan), l'existence d'un nom royal formé des mêmes éléments (Khri-lde-gcug-bcan) disposés dans un ordre qui intervertit simplement la deuxième et la troisième syllabe, enfin les interprétations souvent erronées de transcriptions chinoises, voire même mongoles, ont contribué à introduire dans l'histoire du Tibet des incertitudes et des équivoques qui ont été le point de départ de toute une série d'erreurs. La date (783 A. D.), assignée par M. L. A. Waddell à la conclusion d'un accord intervenu entre Khri-gcug-lde-bcan et l'empereur de Chine, a singulièrement aggravé ces causes d'erreur en faisant remonter au règne de Khri-sroṅ-lde-bcan (750—797), la signature d'un traité conclu par Khri-gcug-lde-bcan en 822 A. D. M. Paul Pelliot n'a d'ailleurs jamais admis les raisons invoquées par M. Waddell pour modifier la date de 822. C'est en faisant état des données précises du *Sin t'ang chou*, texte qui mentionne des fonctionnaires nommément désignés dans les deux édits de Lha-sa, Lieou Yuan-ting et Nieou Seng-jou, que M. Paul Pelliot a été amené à conclure que la date proposée par M. L. A. Waddell devait être rejetée; car, en 783 « Nieou Seng-jeou était un tout petit enfant ». « Mon impression », ajoute M. Paul Pelliot, « est que cette première inscription est dans le même cas que la seconde, et date aussi de 822 » (P. Pelliot, *Quelques transcriptions chinoises de noms tibétains, T'oung Pao*, II, XVI, p. 2, *rem.* 1). L'inscription étant de 822, c'est donc bien Khri-gcug-lde-bcan-ral-pa-čan qui est le roi du traité. Un estampage de cet édit, obligeamment communiqué à M. Paul Pelliot par M. Lo Tchen-yu, nous a fourni un recoupement décisif confirmant l'exactitude des conclusions précédemment tirées par M. Paul Pelliot. En fait, un examen quelque peu attentif de l'estampage a révélé que le copiste de M. L. A. Waddell avait substitué, dès la première ligne, au nom de Khri-gcug-lde-bcan, parfaitement lisible, celui de Khri-sroṅ-lde-bcan et que, aggravant l'erreur initiale d'une suite d'erreurs logiques, le copiste avait arbitrairement remplacé le nom de Khri-lde-sroṅ-bcan (ligne 43 du texte de M. L. A. Waddell, *J. R. A. S.*, p. 951), par celui de Khri-lde-gcug-bcan, père de Khri-sroṅ-lde-bcan. Cependant le nom de Khri-gcug-lde-bcan apparaît dans la traduction de M. Waddell (le passage correspondant de son texte fournit une leçon Khri-sroṅ !); M. Waddell s'empresse alors de déclarer que ce n'est là qu'une variante orthographique de Khri-lde-gcug-bcan, il y a donc, dans l'esprit de M. Waddell une confusion complète entre Khri-gcug-lde-bcan et Khri-lde-gcug-bcan. Cette confusion le conduit à éliminer Khri-gcug-lde-bcan, l'un des contractants, et à modifier la date du traité.

M. B. Laufer s'était également livré à des recherches portant sur les transcriptions chinoises des noms royaux tibétains,[1] et avait parfaitement restitué en Khri-gcug la transcription chinoise K'o-li-k'o-tsou. M. Laufer n'hésitait pas à reconnaître, dans ce Khri-gcug, le Khri-gcug-lde-bcan-ral-pa-čan de l'histoire tibétaine. Mais, sans tenir compte de ce résultat, M. Laufer[2] attribuait le même surnom à Khri-lde-sroṅ-bcan, père ou grand-père de Khri-gcug-lde-bcan-ral-pa-čan; on ne voit d'ailleurs pas pour quelle raison M. Laufer a ajouté le surnom Ral-pa-čan au nom de Khri-lde-sroṅ-bcan.

---

[1] B. Laufer, *Bird Divination among the Tibetans, T'oung Pao*, II, XV, p. 91, *rem.* 1.

[2] B. Laufer, *op. cit.*, p. 66, *rem.* 1.

La confrontation des différents *rGyal-rabs* que nous avons eu l'occasion de consulter va d'ailleurs nous fournir des précisions intéressantes :

I. *rGyal-rabs* de Touen-houang, Bibliothèque Nationale, (Manuscrits Pelliot).

II, III. *rGyal-rabs* de la bibliothèque J. Bacot.

IV. *rGyal-rabs* édité et traduit par Schlagintweit.

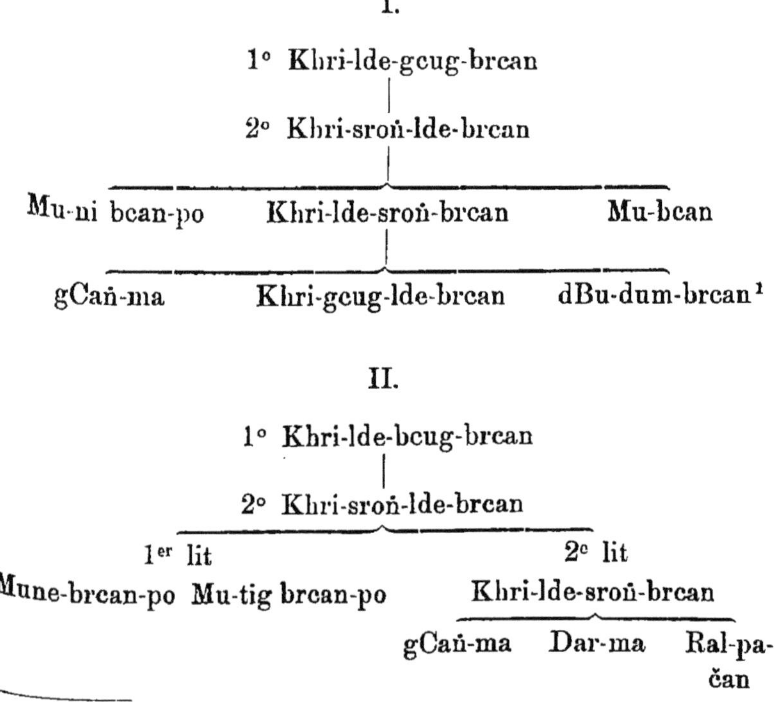

[1] Surnom de gLaṅ Dar-ma; dBu-dum-brcan serait, d'après le lama bKa'-čhen don-grub, hôte de M. Jacques Bacot, le nom d'un démon, et gLaṅ Dar-ma serait par conséquent l'une des incarnations de ce démon.

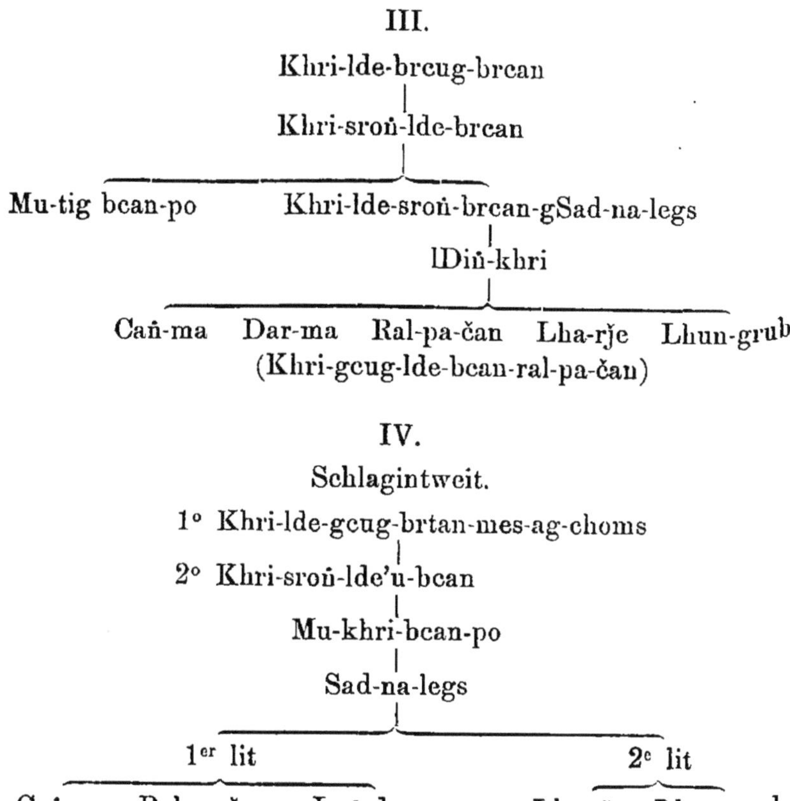

Khri-lde-gcug-bcan et Khri-sroṅ-lde-brcan figurent en I, II, III, IV (noter les variantes orthographiques et tout particulièrement une forme Khri-lde-*bcug*-brcan [II]).

Le rGyal-rabs édité et traduit par Schlagintweit place Mu-khri-bcan-po entre Khri-sroṅ-lde('u)-bcan et Sad-na-legs. gCaṅ-ma, Ral-pa-čan et gLaṅ-dar-ma sont issus d'un premier mariage; Lha-rǰe et Lhun-grub d'un second mariage de Sad-na-legs.

Les rGyal-rabs I, II et III ne donnent pas le même ordre de succession; Mune[Muni]-bcan-po, Mutig-bcan-po et Khri-lde-sroṅ-bcan sont les fils de Khri-sroṅ-lde-bcan d'après le rGyal-rabs II. Le document Pelliot (I) énumère les mêmes personnages, mais dans l'ordre suivant: Muni-bcan-po, Khri-lde-sroṅ-brcan et Mu[tig]-bcan-[po]. Le rGyal-rabs III supprime Muni bcan-po, mais interpose entre Khri-lde-sroṅ-brcan-gSad-na-legs et gCaṅ-ma, Dar-ma, Ral-pa-čan, Lha-rje et Lhun-grub un personnage nommé lDiṅ-khri qui ne figure que sur cette liste. Ce document (III) nous apprend que Khri-lde-sroṅ-brcan = Sad-na-legs. D'ailleurs Schlagintweit avait déjà fait remarquer (*Die Könige von Tibet*, p. 848, *rem.* 5) en énumérant, d'après Csoma, les successeurs de Khri-sroṅ-lde-bcan, Mune-bcan-po, Khri-lde-sroṅ-bcan (appelé aussi Mu-tig bcan-po) que Sad-na-legs n'est pas cité; il ne pouvait pas l'être comme personnage distinct puisqu'en fait Sad-na-legs ne paraît être qu'un surnom appliqué à Khri-lde-sroṅ-bcan.

En tenant compte du fait que le *rRgyal-rabs* traduit par Schlagintweit est une compilation tardive, en se basant en outre sur les indications fournies par le document Pelliot et les *rGyal-rabs* II et III, on peut dresser le tableau suivant:

Khri-lde-gcug(bcug II)brcan

Khri-sroṅ-lde(lde'u IV, sruom-ldem, Ms)brcan

Muni(Mu-ne II) bcan-po — Mu-tig(Khri IV) bcan-po — Khri-lde-sroṅ-bcan-gSad-na-legs

1er lit — 2e lit

gCaṅ-ma — Khri-gcug-lde-brcan-ral-pa-čan — Dar-ma (dBu-dum-brcan) (dByig-dur-bcan, d'ap. Schlagintweit) — Lha-rje — Lhun-grub

Notre manuscrit énumère Sroṅ-brcan-sgam-po, Khri-sruom-ldem-brcan, Khri-gcug-lde-brcan Ral-pa-čan (*Sroṅ-brcan-sgam-po daṅ bcan-po Khri-sruom-ldem-brcan daṅ bcan-po Khri-gcug-lde-brcan bcan-po ral-pa-čan*). Il convient de noter que la copule daṅ qui sépare les différents noms n'intervient pas pour séparer Khri-gcug-lde-brcan du surnom Ral-pa-čan qui est cependant précédé du terme *bcan-po*. Notre texte ne mentionne pas Khri-lde-gcug-brcan.

Nous trouvons ensuite les noms de :

4° Khris-kyi-liṅ [sKyid-lde-ñi-ma-mgon]; M. A. H. Francke donne deux dates différentes pour ce prince : 1° History of Western Tibet, p. 60, circa 975—1000 A. D. 2° Ladvags rGyal-rabs (J. & P. A. S. B., vol. VI, p. 416) : circa 900—930 A. D. Les dernières dates sont à retenir; Atiśa ne fut appelé au Tibet que par le troisième successeur de lDe-bcun-mgon, troisième fils de sKyid-lde-ñi-ma-mgon, en 1048; il est donc pratiquement impossible que sKyid-lde-ñi-ma-mgon ait régné jusqu'en 1000 A. D. Ce prince, fils de lDe-dpal-'khor-bcan (ne figure pas sur notre manuscrit, voir Schlagintweit, Table I, no. 41) et petit fils de 'Od-sruṅ, fils posthume de gLaṅ-darma, avait été dépouillé de ses possessions du Tibet oriental par Yum-rten [Schlagintweit, Table I, no. 90 : Yum-brtan], fils naturel de la première femme de gLaṅ-darma. sKyid-lde-ñi-ma-mgon (le Khris-kyi-liṅ de notre manuscrit) fonda alors le royaume du Haut mÑa-ris [Schlagintweit, Table II]; il eut trois fils.

5° [d]Pal-byin-mgon [Schlagintweit, Table I, no. 44, Table II, no. 2 : Lha-čhen-dpal-gyi-mgon] (circa 930—960, d'après le Ladvags rGyal-rabs).

6° bKra-śis-mgon [Schlagintweit, Table I, no. 45, Table II, no. 3].

7° Leg-gcug-mgon [Schlagintweit, Table I, no. 46 : lDe-bcun-mgon].

4 bis bKra-śis-rśags-pa-dpal [Schlagintweit, Table I, no. 43 : bKra-śis-brcegs-pa-dpal], frère cadet de sKyid-lde-ñi-ma-mgon ; ce prince eut trois fils.

5 bis dPal-lde [Schlagintweit, Table I, no. 55 : dPal-lde-rig-pa-mgon].

6 bis 'O-lde [Schlagintweit, Table I, no. 56 : 'Od-lde] (sur la lecture 'O-lde, voir Laufer, *Bird Divination among the Tibetans, T'oung Pao*, II, XV, p. 76, suite de la *rem.* 4 de la page 75).

7 bis Khri-lde [Schlagintweit, Table I, no. 57 : sKyid-lde].

La liste reprend le nom de bKra-śis-mgon (no. 6) et le fait suivre de trois noms qui, si nous nous en tenons au procédé adopté pour sKyid-lde-ñi-ma-mgon et bKra-śis-rśags-pa-dpal, doivent être ceux des fils de bKra-śis-mgon. Ces noms ne figurent pas sur le rGyal-rabs de Schlagintweit.

6° bKra-śis-mgon [Schlagintweit, Table I, no. 45, Table II, no. 3]; le prince obtint Gu-ge et le Haut-Purañ; sa descendance ne figure pas sur la Table II.

7 ter Acara.

8 ter Khri-lde-mgon.

9 ter Lha-čig-čag-śe.

Bibliographie.

Bushell, *The early History of Tibet from Chinese Sources* (*J. R. A. S.*, new series, vol. XII, p. 473 ss.).

Francke (A. H.), *History of Western Tibet*, Londres s. d.

lDe-dpal-'khor-bcan [Schlagintweit, Table I, no. 41]

- 4° Khris-kyi-liṅ [sKyid-lde-ñi-ma-mgon; Schlagintweit, Table I, no. 42, Table II, no. 1]
  - 5° [d]Pal-byin-mgon [Lha-čhen-dpal-gyi-mgon] [Schlagintweit, Table I, no. 44, Table II, no. 2]
  - 6° bKra-śis-mgon [Schlagintweit, Table I, no. 45, Table II, no. 3]
    - 7 ter Acara
    - 8 ter Khri-lde-mgon
    - 9 ter Lha-čig-čag-śe
  - 7° Leg-gcug-mgon [lDe-bcun-mgon] [Schlagintweit, Table I, no. 46]
- 4 bis Khri-bkra-śis-rcags-pa-dpal [Khri-bkra-śis-brcegs-pa-dpal; Schlagintweit, Table I, no. 43]
  - 5 bis dPal-lde [dPal-lde-rig-pa-mgon] [Schlagintweit, Table I, no. 55]
  - 6 bis O'lde ['od-lde] [Schlagintweit, Table I, no. 56]
  - 7 bis Khri-lde [sKyid-lde] [Schlagintweit, Table I, no. 57]

Francke (A. H.), *Ladvags rGyal-rabs* (*J. & P. A. S. B.*, vol. VI, p. 418 ss.).

Francke (A. H.), *The Rock Inscription at Mulbe, Indian Antiquary*, vol. XXXV (1906), p. 73 ss.).

Rockhill (W. W.), *Tibet, a Geographical, Ethnological and Historical Sketch, derived from Chinese Sources* (*J. R. A. S.*, 1891, vol. XXIII, p. 1193).

Waddell (L. A.), *Ancient Historical Edicts at Lha-sa* (*J. R. A. S.*, 1909, p. 924 ss.).

LII (ligne 73)

[Maîtres du Mahāyāna.]

1° [S]thiramati — *Mahāvyutpatti*, *éd.* Mironov, § 177; *éd.* Sakaki, § 178; *éd.* Denison Ross, § 28; Tāranātha, *trad.* p. 129, 137, 150, 160, 294, 301, 322; *dPag-bsam-ljon-bzaṅ*, p. 82; Buniyu Nanjio, *Catalogue*, *App.* I, no. 7; etc.

2° Vasubandhu — *Mahāvyutpatti*, *éd.* Mironov, § 177; *éd.* Sakaki, § 178, *éd.* Denison Ross, § 28; Wassiliev, *Buddhismus*, p. 235, Buniyu Nanjio, *Catalogue*, *App.* I, p. 6; Takakusu, *The Life of Vasubandhu by Paramārtha*, *T'oung Pao*, II, p. 272; Sylvain Lévi, *La date de Vasubandhu*, *Journal Asiatique*, 1890, II, p. 352—553; Takakuṣu, *La Sāṅkhya-kārikā*, *B.E.F.E-O.*, IV, 1904, p. 1—65; Takakusu, *A Study of Paramārtha's Life of Vasubandhu and the Date of Vasubandhu*, *J. R. A. S.*, 1905, p. 33; Bhandarkar, *Who was the Patron of Vasubandhu?*, *Indian Antiquary*, vol. XLI, p. 1; Noël Peri, *A propos de la date de Vasubandhu*, *B. E. F. E-O.*, XI, p. 1—52; etc.

3° Āryamahāsaṅga — *Mahāvyutpatti*, *éd.* Mironov, § 177; *éd.* Sakaki, § 178; bibliographie dans Sylvain Lévi, *Mahāyāna-sūtrālaṃkāra*.

LIII (ligne 78—82)

[Divers.]

1° Abhiṣekarāja.
2° Āryanāgārjunajñāna.
3° Kukkurarāja (Tāranātha, *trad.* p. 188; *dPag-bsam-ljon-bzañ*, p. 108, 145; Grünwedel, *Die Geschichten der 84 Zauberer*, p. 179 et 180).
4° Dharmāśoka (voir sous rubrique L).
5° Śrīharṣa (voir sous rubrique L).
6° Kanaka.
7° Indrabodhi (voir sous rubrique L).
8° Gopādevī.
9° Śākya-bodhi.

LIV (ligne 84)

Pañca kāyātmaka.

LV (ligne 84 et 85)

Pañca caksuḥ.

Dharmasaṃgraha, LXVI (*pañca cakṣūṃṣi*); *Lalita-vistara*, ch. XXVI, *trad.* Foucaux, p. 335 (*Annales du Musée Guimet*, Tome VI).

LVI (ligne 85)

Pañca jñāna.

Dharmasaṃgraha, XCIV (*pañca jñānāni*); *Mahāvyutpatti*, § 5.

LVII (ligne 85)

Pañca abhijñā.

Dharmasaṃgraha, XX (*pañca abhijñāḥ*); *Mahāvyutpatti*, § 14 (*ṣaḍabhijñā-nāmāni*).

LVIII (ligne 85)

Pañca skandha.

Dharmasaṃgraha, XXII (*pañca skandhāḥ*); *Mahāvyutpatti*, § 100; *éd.* Denison Ross, § LXXIII.

LIX (ligne 85)

Pañca kāma.

LX (ligne 86)

Pañcendriya.

Dharmasaṃgraha, XLVII (*pañcendriyāṇi*); *Mahāvyutpatti*, § 41; *éd.* Denison Ross, § XIII.

LXI (ligne 86)

Pañca prajñā.

Dharmasaṃgraha, CX (*prajñā trividhā*); *Mahāvyutpatti*, § 75 (*tri-vidhāḥ prajñāḥ*); *éd.* Denison Ross, § XXIII.

LXII (ligne 86)

Pañca ākāra.

LXIII (ligne 86)

Pañca Tathāgata.

Dharmasaṃgraha, III (*pañca Buddhāḥ*).

LXIV (ligne 86)

Pañci kula.

LXV (ligne 86)

Pañcī vivāha.

LXVI (ligne 87)

Trai dhātukarāja.

LXVII (ligne 87)

Aṣṭa mahāsiddhi prāpta.

1° *ral-gri'i dṅos-grub* 2° *ril-bu'i dṅos-grub* 3° *mig sman-gi dṅos-grub* 4° *rkaṅ-mgyogs-kyi dṅos-grub* 5° *bcun-len-gyi dṅos-grub* 6° *mka'-spyod-gyi dṅos-grub* 7° *mi-snaṅ-ba'i dṅos-grub* 8° *sa-'og-gi dṅos-grub* (Sarat Chandra Das, *Tibetan-English dictionary*, p. 359) (comparer avec rubrique LXXI).

LXVIII (ligne 87)

Aśīti vyañjana.

Dharmasaṃgraha, LXXXIV (*aśīti anuvyañjanāni*); *Mahāvyutpatti*, § 18; *éd.* Denison Ross, § LXIV.

LXIX (ligne 88)

Dvātriṃśat lakṣaṇa.

Dharmasaṃgraha, LXXXIII (*dvātriṃśal lakṣaṇāni*); *Mahāvyutpatti*, § 17; *éd.* Denison Ross, § LXIII.

LXX (ligne 88)

Pañca Buddha mukuṭa.

LXXI (ligne 89—93)

[Liste des siddhi.]

1° Tantra siddhi 2° Mantra siddhi 3° Jñāna siddhi 4° Dhyāna siddhi 5° Rasa siddhi 6° Piṇḍa siddhi 7° Guḍika siddhi 8° Padalepana siddhi 9° Añjana siddhi 10° Khaḍga siddhi 11° Manojava siddhi 12° Icchākāmikā siddhi 13° Ājñā siddhi 14° Khānibala siddhi 15° Bila siddhi 16° Vaśīkaraṇa siddhi 17° Jambhala siddhi 18° Vasudhārā siddhi 19° Vṛddhadāraka siddhi 20° Dīrghāyuḥ siddhi 21° Aṣṭamahābhaya siddhi.

Sous la rubrique LXVII : (1) *ral-gri'i dños-grub* = Khaḍga siddhi (10); (3) *mig-sman-gi dños-grub* = Añjana siddhi (9); (4) *rkañ-mgyogs-kyi dños-grub* = Padalepana siddhi (8); (8) *sa-'og-gi dños-grub* = Khānibala siddhi (14).

LXXII (ligne 99)

Ṣaḍ anakṣara.

LXXIII (ligne 99)

Kāya, vāk, citta.

LXXIV (ligne 104 et 105)

[Les mudrā.]

1° Dharma mudrā 2° Karma mudrā 3° Samaya mudrā 4° Mahā mudrā.

LXXV

Notes du colophon.

Ligne 119 (a) Gañs-ti-se ou Gañs-ti-si = Kailāśa parvata.

Ligne 120 (a) čhos-'khor bsam-yas. M. F. W. Thomas a bien voulu me signaler un exemple de l'emploi de *čhos-'khor* pour désigner un monastère : *chal-guñ-thañ-čhos-'khor gliñ* = le monastère de *chal-guñ-thañ*.

Sur bSam-yas, voir détails dans B. Laufer, *Der Roman einer tibetischen Königin*, p. 10 et 11, 118—122.

Ligne 124 (a) Ri-bo-rce-lña = *pañcaśīrṣaparvata*, en chinois *wou t'ai chan* (province de Chan-si), centre du culte du Bodhisattva Mañjuśrī (voir Sylvain Lévi, *Le Népal*, vol. I, p. 332, 335; vol. III, p. 163, 176).

Ligne 125 (a) Sug-ču, transcription correcte de la prononciation ancienne du chinois Sou-tcheou « dont le premier caractère se prononçait *suk* à l'époque des T'ang. Mais, plus tard, » ajoute M. Pelliot, « la prononciation chinoise évolua. Sou-tcheou était une grande ville, la première grande ville de Chine à laquelle on parvenait en arrivant d'Asie centrale, surtout après que la route directe du Lob-nor eut cessé d'être fréquentée. Les gens d'Asie centrale, Turcs et Persans, continuèrent à connaître Sou-tcheou et l'appelèrent encore Sukču quand toute la Chine du nord ne prononçait plus que Sou-tcheou » (P. Pelliot, *Kao-tch'ang, Qočo, Houo-tcheou et Qarâ-khodjo*, dans *Journal Asiatique*, X[e] série, tome XIX (1912), p. 591). Le tibétain transcrit parfaitement la forme Sukču, le *k* est changé en *g*, conformément à la règle énoncée au § 6 de l'étude phonétique de notre texte : « A la finale une syllabe tibétaine ne peut se terminer que par une sonore ou une sifflante. » Il convient d'ailleurs d'ajouter qu'il n'est pas certain qu'à l'époque et dans la région de l'emprunt, la prononciation chinoise de Sug-ču n'ait pas été *sug* aussi bien que *suk*.

VII

REMARQUES PALÉOGRAPHIQUES
ÉTUDE PHONÉTIQUE

Nous avons relevé, au moyen de l'i employé par M. B. Laufer (*Bird Divination among the Tibetans, T'oung Pao*, II, XV, p. 54), une particularité paléographique importante qui consiste dans la fixation d'une valeur spéciale d'*i*, cette valeur particulière est exprimée par un *gi-gu* inversé ෴ opposé au *gi-gu* normal ~. M. Laufer a signalé cette particularité, mais les textes étudiés jusqu'à présent ne permettent pas de nous prononcer sur la valeur des nuances ainsi exprimées. M. Laufer fait bien remarquer que la distinction entre les deux *i* ne se rapporte pas à la quantité, mais qu'elle exprime plutôt des valeurs phonétiques différentes ou différents timbres d'*i*. En fait, notre texte prolonge les incertitudes que trahissaient déjà les notations flottantes du texte des édits de 822. Le copiste semble avoir perdu le contact avec les données traditionnelles : ses *gi-gu* inversés semblent disposés un peu au hasard. On les retrouve plus fréquemment sur les *i* du génitif dans la partie tibétaine du texte, sur le *i* de *dmyig* (constante), par contre on note des exemples d'accentuations différentes pour le même mot : c'est ainsi que *rigs-kyi-bu* (l. 42) porte deux *gi-gu* inversés, tandis que *rigs-kyi-bu-mo* (même ligne) porte deux *gi-gu* en position normale. Les mêmes accentuations aberrantes se trouvent dans la partie sanscrite du texte, c'est ainsi que l'*i* de *pañci akara* est muni du *gi-gu* normal, tandis que l'*i* de *pañci pridña* porte le *gi-gu* inversé. Les *gi-gu* inversés se suivent parfois sur près de deux lignes (87 et 88), aussi bien dans la partie sanscrite que dans la partie tibétaine du texte. Par contre, et le fait est digne de remarque, on ne relève aucun *gi-gu* inversé dans le texte du colophon, entièrement rédigé en tibétain. D'ailleurs M. Jacques Bacot m'a signalé un autre texte tibétain complètement dépourvu de cette particularité et présentant cependant les formes archaïques courantes (*dmyig*, *myed*, *myi*).

OBSERVATIONS RELATIVES À UN ESSAI DE TRANSCRIPTION DE L'ALPHABET SANSCRIT.

Cinq lignes du manuscrit (94—98) sont consacrées à une transcription purement théorique de l'alphabet sanscrit au moyen de caractères tibétains; comme cette transcription s'écarte, dans certains cas, de celle qui est actuellement admise par les Tibétains, il nous a paru intéressant de confronter les deux systèmes. Le rédacteur ne s'est d'ailleurs nullement soucié d'appliquer aux autres rubriques du texte la transcription qui figure ci-dessous; cette transcription paraît traditionnelle et savante, tandis que les transcriptions très fluctuantes des autres rubriques du texte reflètent les incertitudes phonétiques et morphologiques d'un dialecte semi-barbare, déjà très éloigné du sanscrit.

Sanscrit	a	ā	i	ī	u	ū	ṛ	ṝ	ḷ	ḹ
Transcription tibétaine moderne	a	ā	i	ī	u	ū	ri	rī	li	lī
Transcription du manuscrit (lignes 94—98)	a	a	i	ī	u	u	ri	rī	li	lī

Sanscrit	e	ai	o	au	aṃ	aḥ				
Transcription tibétaine moderne	e	ai	o	au	am	ah				
Transcription du manuscrit (lignes 94—98)	e	ai	o	au	am	a				
Sanscrit	k	kh	g	gh	ṅ	c	ch	j	jh	ñ
Transcription tibétaine moderne	k	kh	g	gh	ṅ	c	ch	j	jh	ñ
Transcription du manuscrit (lignes 94—98)	k	kh	g	'g	ṅ	c	ch	j	'j'	ñ
Sanscrit	ṭ	ṭh	ḍ	ḍh	ṇ	t	th	d	dh	n
Transcription tibétaine moderne	ṭ	ṭh	ḍ	ḍh	ṇ	t	th	d	dh	n
Transcription du manuscrit (lignes 94—98)	t	th	'd	d	ñ	t	th	'd	th	n
Sanscrit	p	ph	b	bh	m	y	r	l	v	
Transcription tibétaine moderne	p	ph	b	bh	m	y	r	l	w	
Transcription du manuscrit (lignes 94—98)	p	ph	'b	b	m	'ž	r	l	'bā	
Sanscrit	ś	ṣ	s	h	kṣ					
Transcription tibétaine moderne	ś	ṣ	s	h	kṣ					
Transcription du manuscrit (lignes 94—98)	s	s	s	h	khya'					

REMARQUES.

1° Voyelles et diphtongues.

a — *ā*. Manuscrit. Confusion entre la longue et la brève.

i — *ī*. Manuscrit. Le *gi-gu* inversé caractérise l'*i*, le *gi-gu* normal la longue.

Transcription moderne. Le *gi-gu* inversé n'est pas utilisé; un ' souscrit indique une longue.

u — *ū*. Manuscrit. Pas de distinction entre la longue et la brève.

ṛ — *ṝ*. Manuscrit. Emploi des deux *gi-gu*.

Transcription moderne. Le *gi-gu* inversé est actuellement employé pour différencier *ṛ* et *ṛ* de *ri* et *rī*; c'est donc un indice de cérébralisation.

e — *ai* — *o* — *au*. Noter quelques variantes graphiques.

2° Occlusives.

a) Gutturales. Manuscrit. *gh* est rendu par '*g*.

b) Palatales. Manuscrit. *jh* est rendu par *j* placé entre deux '.

c) Cérébrales. Manuscrit. Confusion avec les dentales correspondantes.

d) Dentales. Manuscrit. *dh*, confusion avec *th*.

e) Nasales. Manuscrit. La nasale cérébrale est rendue par la nasale dentale avec ' souscrit.

3° Semi-voyelles.

Manuscrit. *y*. Noter la transcription '*ž*.

v. Remarquer la transcription '*bā* qui constitue une tentative originale de différenciation de *b* et de *v*; transcription non différenciée au Tibet et dans l'Inde orientale.

4° Sifflantes.

Manuscrit. Confusion générale avec la sifflante dentale.

5° Le groupe *kṣa*.

Manuscrit. Rendu par *khya'*.

ÉTUDE PHONÉTIQUE DU TEXTE.

Les altérations d'ordre phonétique affectant les mots sanscrits transcrits dans le texte, se répartissent en trois catégories :

I. Altérations résultant de faits particuliers à la langue tibétaine.

II. Altérations affectant le traitement des sourdes et des sonores.

III. Altérations diverses et modifications d'ordre prăcritique.

I.

Altérations résultant de faits particuliers à la langue tibétaine.

§ 1. Nous avons eu l'occasion de signaler une forme archaïque caractérisée par une mouillure de la nasale labiale précédant *i* ou *e*.

Exemples : *myi* homme, *myed* sans, privé de, *dmyig* œil.

Cette particularité se retrouve dans les formes sanscrites correspondantes (voyelle ou diphtongue palatale précédée d'une nasale labiale).

Cette mouillure s'étend même aux occlusives labiales sonores (aspirée et non aspirée) aux occlusives gutturales et labiales sourdes (aspirées et non aspirées) et à l'occlusive dentale sourde non aspirée.

§ 2. Mouillure devant *i*.

phri-thyi-byi (*Pṛthivī*) — *pyin-da* (*piṇḍa*) — *'byi-la* (*bila*) — *a-byid-ña* (*abhijñā*) — *a-byi-śe-gi-ta* (*abhiṣikta*) — *a-byi-śa-ka* (*abhiṣeka*) — *a-byi-śi-ga* (*abhiṣeka*) — *i-pi-ca-ka-myi-ka* (*icchākāmika*) — *nir-myi-ta* (*nirmita*) — *pa-ra-myi-ta* (*pāramitā*) — *pu-myi* (*bhūmi*) — *ba-byi-śa* (*bhaviṣya*) — *ba-gyi-myi* (*vāgmi*) — *'byin-śrag* (*viṃśaka*) — *byig-ka-ma-byi-tha* (*Vikramāditya*) — *byid-ña-da-ra* (*vidyādhara*) — *byi-na-ya-ka'* (*Vināyaka*) — *'byi-phu* (*vibhū*) — *bya-ma-la* (*vimala*) — *'byi-ro-ta-ka* (*Virūḍhaka*) — *byī-ro-pag-cha* (*Virūpākṣa*) — *byi-ba-ra-na* (*vivaraṇa*) — *'byi-sñu* (*viṣṇu*) — *bya-ha-ri* (*vihāra*) — *jī-byid-ti* (*jivati*) — *de-byin-tri* (*devendra*).

§ 3. Mouillure devant *ī*.

byi-ta-ra-ga (*vītarāga*).

Une seule exception : *lag-khyi-mi* (*Lakṣmī*).

§ 4. Mouillure devant *e*.

mye-ga (*megha*) — *su-mye-ru* (*sumeru*). (Il existe également une forme *su-be-ru*.) Noter également *de-bye* (*devī*).

§ 5. Mouillures diverses.

a) Changement de *dh* et *d* en *b* et mouillure subséquente devant *i*. *a-byin-tya* (*āditya*) — *ju-byi-sti-ra* (*Yudhiṣṭhira*) — *byig-ka-ma-byi-tha* (*Vikramāditya*).

b) Changement prâcrit de *ṛ* en *i* et mouillure subséquente. Dans *myi-čha* (*mṛṣṭa*); par suite du changement de *ṛ* en *i*, *i* se trouve en contact avec *m* et subit la mouillure.

c) Changement prâcrit de *kṣ* en *kh* (Pischel, *Grammatik*, § 317—322). Dans *'dag-khyi-na* (*dakṣiṇa*), *k* se trouve en contact avec *i*, la mouillure se produit.

d) Insertion d'une voyelle dans un groupe consonantique (Pischel, *Grammatik*, § 133). *lag-khyi-mi* (*Lakṣmī*) — *myir-ga* (*mṛga*).

e) Métathèse. *kyir-ya* — *kyi-rya* (*kriyā*).

§ 6. A la finale, une syllabe tibétaine ne pouvant se terminer que par une sonore ou une sifflante dentale, il en résulte un certain nombre de modifications que nous allons étudier ci-dessous.

Si par exemple nous prenons un mot *rag-kha-sa* et que nous changeons le *g* de *rag* en la sourde correspondante, nous obtenons *rakkhasa*, forme prăcrite usuelle. Nous relevons d'ailleurs de nombreux exemples de ce changement de la sourde en sonore.

śag-kya (*Śākya*) — *cag-kra* (*cakra*) — *byig-ka-ma-byi-tha* (*Vikramāditya*) — *a-nag-khya-ra* (*anakṣara*) — *rag-kha-sa* (*rākṣasa*) — *lag-śa* (*lakṣa*) — *lag-khra* (*lakṣa*) — *lag-śa-na* (*lakṣaṇa*) — *lag-sa-na* (*lakṣaṇa*) — *byi-ro-pag-śa* (*Virūpākṣa*) — *u-prag-śa* (*upekṣā*) — *'dag-khyi-na* (*dakṣiṇā*) — *cag-khu* (*cakṣuḥ*) — *lag-khyi-mi* (*Lakṣmī*) — *phrag-khya-da'* (*prakhyātāḥ*) — *sam-myag* (*samyak*) — *cid-ta* (*citta*) — *rad-na* (*ratna*) — *ka-yad-ma-ka* (*kāyātmaka*) — *karunādmaka* (*karuṇātmaka*) — *prad-ti-ka* (*pratyeka*) — *bo-ti-svad-tva* (*bodhisattva*) — *cad-pa-ri* (*catvāri*) — *cad-ba-ri* (*catvāri*) — *ka-cid-ta* (*kaścit*) — *ba-he-ra-bad-ta* (*badhiravat*) — *tad-tha-ta* (*tathatā*).

II.

Altérations affectant le traitement des sourdes et des sonores.

§ 1. Changement des sonores en sourdes.[1]

Ce phénomène, qui caractérise la Paiśācī et la Cūlikāpaiśācī, affecte les occlusives gutturales, palatales, dentales, labiales aspirées et non aspirées (Pischel, *Grammatik*, § 27, § 190 et 191).

[1] Comme ce phénomène n'est pas généralisé dans notre manuscrit, nous avons cru devoir faire figurer les transcriptions correctes en regard des changements des sonores en sourdes.

a) Transcriptions correctes. *ga-ga-na* (*gagana*) — *'gur-ti-ka* (*guḍika*) — *gra'a* (*graha*) — *ta-tha-ga-ta* (*Tathāgata*) — *na-ga* (*nāga*) — *na-ga-rju-na* (*Nāgārjuna*) — *mau-na-ga-da'* (*maunagataḥ*) — *myir-ga-sva-ra* (*mṛgasvara*) — *zo-ga* (*yoga*) — *jo-ga* (*yoga*) — *zo-ga-ñi-rod* (*yoganirodha*) — *byi-ta-ra-ga* (*vītarāga*) — *su-ga-ta* (*Sugata*) — *zo-gi-ni* (*yoginī*) — *zo-go-'o-tro* (*yogottara*).

(Pour les autres transcriptions voir II, § 9.)

b) Changement en sourde.

g. *ka-ti ka-ri* (*agati gati*) — *can-ca-la-ka-ti* (*cañcalagati*) — *ka-cid-ta-kan-'da* (*kaścit gandha*) — *'gu-ya-ka-rba* (*guhya garbha*) — *'bu-tha-ku-na* (*Buddha guṇa*) — *la-ta-kul-ma* (*latā gulma*) — *'gu-'ya-ka-rba* (*guhya garbha*) — *'da-sra-kri-ba* (*daśa grīva*).

g (en position intervocalique). *a-na-ka-ta* (*anāgata*) — *a-pa-ra-ko-da-a-ba-ri* (*Aparagodāvarī*) — *a-pa-ra-ko-da* (*aparagodā*).

gha. *'di-ri-kha-a-yo* (*dīrghāyuḥ*).

j. a) Transcriptions correctes. *a-'ja-na* (*añjana*) — *man-ju-sri* (*mañjuśrī*) — *ma-no-ja-ba* (*manojava*) — *ra-ja* (*rāja*).

(Pour les autres transcriptions voir II, § 10.)

b) Changement en sourde. *ra-ca* (*rāja*).

ḍ. *gur-ti-ka* (*guḍika*) — *mu-ti-ta* (*muditā*).

ḍh. *'byi-ro-ta-ka* (*virūḍhaka*).

d, dh. a) Transcriptions correctes. *da-ra-sa-na* (*darśana*) — *de-ba* (*deva*) — *de-bye* (*devī*) — *de-byīn-tri* (*devendra*).

b) Changement en sourde (Pischel, *Grammatik*, § 190 et 191). *ti-pa* (*dvīpa*) — *tri-pa* (*dvīpa*) — *śa-tri-śa* (*sadṛśa*) — *'yin-tra* (*indra*) — *can-tra* (*candra*) — *mu-tra* (*mudrā*).

'bu-ta (*Buddha*) — *'bu-tha* (*Buddha*) — *'bu-tha-ya* (*Buddhāya*) — *'bri-ta* (*vṛddha*) — *su-ti* (*śuddhi*) — *śi-ta* (*siddha*) — *śi-ti* (*siddhi*) — *si-ti-ra-stu* (*siddhirastu*).

thar-ma (*dharma*) — *tha-du* (*dhātu*) — *tha-du-ka* (*dhātuka*) — *thu'u-li* (*dhūli*) — *an-ta-ba-ta* (*andhavat*) — *ru-pa-tha-ra* (*rūpādhara*) — *byid-ña-tha-ra* (*vidyādhara*) — *śag-kan-ta* (*skandha*) — [*byi-*] *byid-tya-si* (*vividhāśi*) — *bo-ti-svad-tva* (*bodhisattva*).

b, bh. a) Transcriptions correctes. *'yin-tra-bo-ti* (*indrabodhi*) — *bo-ti-svad-tva* (*bodhisattva*) — *śag-kya-bo-de* (*śākyabodhi*). (Pour les autres transcriptions voir II, § 10.)

b) Changement en sourde. *pa-lo* (*balau*) — *pri-sti* (*bṛṣi*); (pour les cas suivants, voir remarque § 7 : *cad-pa-ri* (*catvāri*) — *i-spa-ra* (*īśvara*) — *ba-gi-spa-ra* (*vāgīśvara*) — *'byi-phu* (*vibhū*).

§ 2. Changement des sourdes en sonores.

En Apabhraṃśa, *k, t, p* deviennent en position intervocalique *g, d, b* (Pischel, *Grammatik*, § 312). En position intervocalique, *k* est fréquemment changé en *g* (Ardhamāgadhī, Jaina-mahārāṣṭrī, Jaina-śaurasenī; Pischel, *Grammatik*, § 185, 192, 203, 204).

k. a) Transcriptions correctes. *ka-ru-na* (*karuṇā*) — *kar-na* (*karṇa*) — *kal-pa* (*kalpa*) — *kac-cid-ta* (*kaścit*) — *kri-sna* (*kṛṣṇa*) — *kha-kha-ra-di* (*kākārādi*) — *ka-ma-de-ba* (*Kāma deva*) — *ka-ma tha-du* (*kāma dhātu*) — *ka-ya* (*kāya*) — *ka-yad-ma-ka* (*kāyātmaka*) — *ku-la* (*kula*) — *ku-li-ka* (*Kulika*) — *ku-sa-la* (*kuśala*) — *kra-ma* (*krama*) — *kyi-rya* (*kriyā*) — *a-byi-śa-ka* (*abhiṣeka*) — *'gur-ti-ka* (*guḍika*) — *tag-śa-ka* (*Takṣaka*) — *ta-ra-ka* (*tarka*) — *ti-la-ka* (*tilaka*) — *brya-ka-ra-na* (*prakaraṇa*) — *lo-ka* (*loka*) — *lo-ka-ba-la* (*lokapāla*) — *ba-śi-ka-ra-na* (*vaśīkaraṇa*) — *sra-ba-ka* (*śrāvaka*) — *he-ru-ka* (*Heruka*) — *laṅ-ka-a-ba-da-ra* (*laṅkāvatāra*) — *ba-su-ki* (*Vāsuki*) — *lo-ke-śva-ra* (*Lokeśvara*) — *tri-ko-na* (*trikoṇa*).

b) Changement en sonore. *ga-ya* (*kāya*) — *sam-myag* (*samyak*).

kh. a) Transcriptions correctes. *kha-ra-ka* (*khaḍga*) — *kha-ñi-ba-la* (*khānibala*).

b) Changement en sonore. *śan-ga* (*śaṅkha*) — *sa-saṅ-ga* (*śaśāṅka*).

c. a) Transcriptions correctes. *ca-kra* (*cakra*) — *cag-kra* (*cakra*) — *cag-khu* (*cakṣuḥ*) — *can-ca-la* (*cañcala*) — *ca-tu-ra-sid-ti* (*caturaśīti*) — *ca-tu-a-so* (*caturasra*) — *ca-tus-pri-sti* (*caturbṛṣi*) — *cad-ba-ri* (*catvāri*) — *cad-pa-ri* (*catvāri*) — *can-tra* (*candra*) — *cid-ta* (*citta*) — *pan-ca* (*pañca*).

b) Changement en sonore. *pan-ja* (*pañca*) — *ma-ri-ji* (*mārīcī*) — *be-ro-ja-na* (*Vairocana*).

ṭ. *kar-kor-da* (*Karkoṭa*[*ka*]).

t. a) Transcriptions correctes. *tag-śa-ka* (*Takṣaka*) — *ta-tha-ga-ta* (*Tathāgata*) — *tad-tha-ta* (*tathatā*) — *tan-tra* (*tantra*) — *ta-ra-ka* (*tarka*) — *ti-la-ka* (*tilaka*) — *tra-ya-ya* (*trayāya*) — *tri-ko-na* (*trikoṇa*) — *am-'bri-ta* (*amṛta*) — *nir-myi-ta* (*nirmita*) — *byi-ta-ra-ga* (*vītarāga*) — *saṅ-skri-ta* (*saṃskṛta*) — *śa-ba-ta* (*sapta*) — *su-ga-ta* (*sugata*) — *mu-tī-ta* (*muditā*).

b) Changement en sonore. *da-ra-ka* (*tārakā*) — *sar-ba-de* (*sarve te*) — *sar-ba-dra-ya* (*sarva traya*) — *pra-ti-sti-da'* (*pratiṣṭhitaḥ*) — *bre-da'* (*preta*) — *bra-ba-da* (*prāpta*).

th. a) Transcriptions correctes. *ta-tha-ga-ta* (*Tathāgata*) — *pra-tha-ma* (*prathama*) — *na-thu* (*nātho*).

b) Changement en sonore. *tha-du* (*dhātu*) — *tha-du-ka* (*dhātuka*).

p. a) Transcriptions correctes. *pan-ca* (*pañca*) — *pan-ja* (*pañca*) — *pa-da'-li-pa-na* (*padalepana*) — *pa-ra-nyi-ta* (*pāramitā*) — *pur-ba* (*pūrva*) — *prad-ti-ka 'bu-tha* (*Pratyeka buddha*) — *pra-tha-ma* (*prathama*) — *a-pa-ra-sid-ta* (*apara-*

siddha) — *a-pa-ra-'go-da-a-ba-ri* (*Aparagodāvarī*) — *a-ru-pa* (*arūpa*) — *kal-pa* (*kalpa*) — *ti-pa* (*dvīpa*) — *ru-pa* (*rūpa*) — *a-mo-ga-pa-sa* (*Amoghapāśa*).

b) Changement en sonore. *bu-na* (*puṇya*) — *'di-ba* (*dvīpa*) — *brya-ka-ra-na* (*prakaraṇa*) — *bra-ba-da'* (*prāpta*) — *bra-bad-'ji'-to* (*pravrajito*) — *lo-ka-ba-la* (*lokapāla*).

III.

Altérations diverses et modifications d'ordre prācritique.

1° Les voyelles, diphtongues et sons accessoires.

§ 1. Transcriptions généralement correctes. Exceptions : **a** est rendu par *a'* dans *'da'-śa* (*daśa*) — *pa-da'-le-pa-na* (*padalepana*) — *bya-ka-ra'-na* (*vyākaraṇa*) etc.

a est rendu par *a-a* dans *ca-tu-ra-a-sa-ma* (*caturasra*) — *sar-ba-ag-ña-ya* (*sarvajñāya*).

Il est changé en *i* dans *ji-byid-ti* (*jīvati*) — *de-byin-tri* (*devendra*) — *na-myi* (*nāma*) — *srid-ña* (*prajñā*) — *byin-'ja-na* (*vyañjana*) — *bya-ha-ri* (*vihāra*).

a disparaît dans *yo-go-'o-tro* (*yogottara*). Altérations diverses *na-me* (*nāma*) — *byen-'ja-na* (*vyañjana*).

ā. On ne relève que quelques notations correctes de *ā* : *kā-ka-sva-ra* (*kākasvara*) — *kir-yā* (*kriyā*) — *kā-la-ba-ta* (*khakkhalavat*) — *dar-ma-yā* (*dharmāya*) — *pan-cin-tri-yā* (*pañcendriya*) — *saṅ-gạ-yā* (*saṃghāya*).

ā est rendu par *a-a* dans *a-pa-ra-ko-da-a-ba-ri* (*Aparagodāvarī*) — *rad-na-a-ba-lī* (*ratnāvalī*) — *laṅ-ka-a-ba-da-ra* (*laṅkāvatāra*).

§ 2. *i*, *ī*. Nous avons déjà eu l'occasion de signaler, pour la partie tibétaine, une notation particulière de l'*i* au moyen du *gi-gu* inversé ; ce signe est également utilisé dans la partie sanscrite du texte. (Les *i̥* sont marqués du *gi-gu* inversé.) *a-ka-ra-di̥* (*akārādi*) — *a-ka-ti̥* (*agati*) — *a-pa-ra-'go-da-a-ba-ri̥* (*Aparagodāvarī*) — *a-byi̥d-ña* (*abhijñā*) — *laṅ-kri̥-da'* (*alaṃkṛtaḥ*) — *a-si̥d-ti* (*aśīti*) — *i̥-pi-ca-ka-myi-ka* (*icchākāmika*) — *i̥yn-tra-ra-ja* (*Indrarāja*) — *ri̥-śi* (*ṛṣi*) — *ka-ci̥d-ta* (*kaścit*) — *kha-kha-ra-di̥* (*kakārādi*) — *kri̥s-na* (*Kṛṣṇa*) — *ki̥r-yā, ki̥r-ya, ki̥r-ya* (*kriyā*) — *ce'u śar-tri̥* (*catuḥ ṣaṣṭi*) — *cad-pa-ri̥* (*catvāri*) — *ci̥d-ta* (*citta*) — *ji̥-byid-ti* (*jīvati*) — *ti̥ṅ-sad-ta* (*triṃśat*) — *tri̥-ko-na* (*trikoṇa*) — *'di̥-pi* (*divya*) — *'di̥-pa* (*dvīpa*) — *na-myi̥* (*nāma*) — *pan-cin-tri̥-ya* (*pañcendriya*) — *pan-ci̥* (*pañci*) — *pa-da'-li̥-pa-na* (*padalepana*) — *pa-ri̥-pu-ru-na* (*paripūrṇa*) — *pyi̥nda* (*piṇḍa*) — *bra-bad-ji̥-to* (*pravrajito*) — *ma-hri̥-sva-ra* (*Maheśvara*) — *rad-na-a-ba-li̥-tan-tra* (*Ratnāvalī tantra*) — *'bri̥-ta* (*vṛddhaḥ*) — *si-'u-ci̥* (*śuci*) — *si̥d-ta* (*siddha*) — *śi̥n-di* (*siddhi*) — *si̥d-ti̥* (*siddhi*) — *si̥-ti̥-ras-tu* (*siddhirastu*).

i est en outre changé en *i̥y* dans *i̥yn-tra* (*indra*); en *ya* dans *bya-ma-la* (*vimala*) — *bya-ha-ri* (*vihāra*); en *a* dans *ma-la-na* (*malinaḥ*); en *e* dans *ba-he-ra-bad-ta* (*badhiravat*).

§ 3. *u, ū*. Confusion complète entre la longue et la brève. *u* est changé en *o* dans quatre mots, dans deux cas il précède un groupe consonantique (Pischel, *Grammatik*, § 125) : *a-no-tra* (*anuttara*) — *a-no-sta-na* (*anuṣṭhāna*).

ma-no-sa (*manuṣa*) — *ba-yo* (*vāyu*) — *'byi-ro-ta-ka* (*virūḍhaka*) — *byi-ro-pag-cha* (*virūpākṣa*).

ū est rendu par *u'u* dans *thu'u-li* (*dhūli*).

On relève enfin les formes aberrantes suivantes : *ai-ba* (*āyuḥ*) — *a-yo* (*āyuḥ*) — *ba-yai* (*Vāyu*) — *si-u-ci* (*śuci*).

§ 4. *ṛ*.

a) Changement en *i* (Pischel, *Grammatik*, § 50) : *myi-cha* (*mṛṣṭa*) — *sa-'dī-śa, sa-byi-śa* (*sadṛśa*).

b) Changement en *ri* et *rī* (Pischel, *Grammatik*, § 56). La prononciation *ri* de *ṛ* sanscrit est, actuellement encore, très répandue dans l'Inde orientale.

ri-śi (*ṛṣi*) — *am-'bri-ta* (*amṛta*) — *lañ-kri-da'* (*alaṃkṛtaḥ*) — *kris-na* (*kṛṣṇa*) — *phri-thyi-byi* (*pṛthivī*) — *pri-sti* (*bṛṣi*) — *'bri-ya-spa-ti* (*Bṛhaspati*) — *'bri-ta* (*vṛddha*).

§ 5. **e** est généralement transcrit correctement : *de-ba* (*deva*) — *'de-ba* (*deva*) — *de-bye* (*devī*) — *bre-da'* (*preta*) — *lo-ke-śva-ra* (*Lokeśvara*) — *su-be-ru* (*Sumeru*) — *he-ru-ka* (*Heruka*) — *'Bu-de* (*Buddhe*).

Noter en outre trois applications du *saṃdhi prācrit-pali* dans les composés avec Indra : *de-byin-tri* (*Devendra*) — *pan-cin-tri-ya* (*pañcendriya*) — *ra-sin-ti* (*Rasendra*).

e est également rendu par *i* dans quelques cas (Pischel, *Grammatik*, § 84) : *i-ka-ca* (*ekākṣa*) — *a-byi-śi-ga* (*abhiṣeka*) — *'di-ba* (*deva*) — *ma-hri-sba-ra* (*Maheśvara*).

e est rendu par *a* dans *a-byi-śa-ka* (*abhiṣeka*) — *u-prag-śa* (*upekṣā*) (Pischel, *Grammatik*, § 129).

e disparaît dans *prad-ti-ka'* (*pratyeka*).

§ 6. **o**. Transcriptions généralement correctes. Exceptions : *'zo-go-'o-tro* (*yogottara*) — *a-ka-ru* (*ākaro*) — *a-rtu* (*artho*) — *na-thu* (*nātho*).

§ 7. **ai** est tantôt conservé, tantôt remplacé par *e* comme en prācrit.

a) Transcriptions correctes : *mai-tri* (*maitrī*) — *bai-sra-ma-na* (*Vaiśramaṇa*).

b) Réduction à *e* (Pischel, *Grammatik*, § 60; A. Meillet, *Mélanges Sylvâin Lévi*, p. 30).

be-ro-ja-na (*vairocana*).

au. a) Transcription correcte dans *mau-na-ga-da'* (*maunagataḥ*).

§ 8. *ḥ*. On relève quelques tentatives de transcription du *visarga* par ' dans *laṅ-kri-da'* (*alaṃkṛtaḥ*) — *mau-na-ga-da'* (*maunagataḥ*) — *phrag-khya-da'* (*prakhyātāḥ*) — *pra-ti-sti-da'* (*pratiṣṭhitaḥ*).

§ 9. La nasale gutturale est le substitut courant de l'*anusvara* : — *aṅ-su* (*aṃśu*) — *tiṅ-sad-ta* (*triṃśat*) — *byiṅ-śa-ti* (*viṃśati*) — *'byiṅ-srag* (*viṃśaka*) — *saṅ-ga* (*saṃgha*) — *saṅ-skri-ta* (*saṃskṛta*) ; il tombe dans *ti-śa* (*triṃśat*).

2° Occlusives.

§ 10. Gutturales. *k*. (Transcriptions correctes et changement en sonore, II, § 1.)

k est doublé dans *śag-kya* (*Śākya*) — *phrag-khya-da'* (*prakhyātāḥ*) — *cag-kra* (*cakra*).

k est transcrit par *kh* dans *kha-kha-ra-di* (*kakārādi*).

kra. a) Transcriptions correctes : *ca-kra* (*cakra*) — *su-kra* (*śukra*).

b) Traitement prâcrit : *byig-ka-ma-byi-tha* (*Vikramāditya*).

kṣ. a) Traitement sanscrit : *lag-śa* (*lakṣa*) — *lag-śa-na* (*lakṣaṇa*) — *lag-sa-na* (*lakṣaṇa*) — *byi-ro-pag-śa* (*Virūpākṣa*) — *u-prag-śa* (*upekṣā*).

b) Traitement prâcrit (Pischel, *Grammatik*, § 317—321) : *na-kha-tra* (*nakṣatra*) — *rag-kha-sa* (*rākṣasa*) (Pischel, *Grammatik*, § 320) — *ra-kha-sa* (*rākṣasa*) — *'dag-khyi-na* (*dakṣiṇa*) (Pischel, *Grammatik*, § 320) — *cag-khu* (*cakṣuḥ*).

Insertion de *r* dans *'dag-khri-na* (*dakṣiṇa*), de *y* dans *a-nag-khya-ra* (*anakṣara*).

g. (Transcriptions correctes et changement en sourde, II, § 1.)

g est rendu par *'g* dans *'ga-ti* (*gati*) — *'gu-ya* (*guhya*) — *a-pa-ra-'ko-da-a-ba-ri* (*Aparagodāvarī*).

g disparaît dans *ža-ṅa-ma* (*jaṅgama*).

gha. (Changement en sourde, II, § 1.)

gh est en outre rendu par *g* dans *a-mo-ga-pa-sa* (*Amoghapāśa*) — *sañ-ga-ya* (*saṃghāya*).

ṅ. Transcriptions régulièrement correctes : *mañ-'ga-la* (*maṅgala*) — *lañ-ka-a-ba-ta-ra* (*Laṅkāvatāra*) — *śañ-ga* (*śaṅkha*) etc.

§ 11. Palatales. **c**. (Transcriptions correctes et changement en sonore, II, § 2.)

c est rendu par *č* dans *pan-ča* (*pañca*).

j. (Transcriptions correctes et changement en sourde, II, § 1.)

j est rendu par *'j* dans *a-'ja-na* (*añjana*) — *byen-'ja-na* (*vyañjana*) — *byi-'ja-na* (*vyañjana*).

j est rendu par *ǰ* dans *ǰei-ba* (*jīva*); par *ž* dans *ža-ñu-ma* (*jaṅgama*); par *z* dans *za'-ta-ka* (*jātaka*).

jña. A l'initiale traitement peu stable; *jña* est rendu par *g* — *kya* (*kkya*) dans *pan-cag-kya-na* (*pañca jñāna*); par *'g-kya* dans *'gya-na-sid-ti* (*Jñānasiddhi*); par *ya* dans *ya-na-sam-ba-ra* (*jñāna sambhāra*); par *'gya* dans *'gya-ni* (*jñāni*).

En position mediane, **jñā** est rendu par *g-ña* dans *sarba-ag-ña-ya* (*sarvajñāya*); par *ña* dans *na-ga-rju-na ña-na* (*Nāgārjunajñāna*).

A la finale, on note *d-ña* dans *a-byid-ña* (*abhijñā*) — *srid-ña* (*prajñā*). *d-ña* rend d'ailleurs *dya* dans *byid-na-da-ra* (*vidyādhara*).

ñ. Bien qu'à l'époque moderne il y ait une stricte correspondance entre la nasale palatale du tibétain et la nasale palatale du sanscrit, notre texte accuse des divergences assez nombreuses; la nasale palatale du sanscrit y est fréquemment rendue par la nasale dentale. Ce sont là des faits particuliers à la prononciation tibétaine, faits qu'il serait peut-être permis de rapprocher de l'emploi de *cha* et de *ca* pour rendre les occlusives palatales sourdes aspirées et non aspirées du sanscrit, alors que *čha* et *ča* paraissaient parfaitement convenir à ce rôle.

ñ > n : *can-ca-la* (*cañcala*) — *pan-ja* (*pañca*) — *pan-ca* (*pañca*) — *pan-ci* (*pañci*) — *man-ju-sri* (*Mañjuśrī*) — *byen-'ja-na* (*vyañjana*).

ñ disparaît dans *a-'ja-na* (*añjana*) — *'byi-'ja-na* (*vyañjana*).

§ 12. Cérébrales. **ṭ > t** (exception, II, § 2).

ṭ > th : *a-rtha* (*aṣṭa*).

ḍ > 'd : *pyin-'da* (*piṇḍa*) ; **ḍ > r** : *ka-ra-ka* (*khaḍga*) — *kha-ra-ka* (*khaḍga*) ; avec insertion dans *sa-ra-ka-ti* (*ṣaḍagati*) — *śa-ra-a-sid-ti* (*ṣaḍaśīti*) — *sro-ra-sa* (*ṣoḍaśa*) ; disparaît dans *cha-da-ra-sa-na* (*ṣaḍdarśana*).

ṇḍ > ṇ : *a-na-'ja-ta-ka* (*aṇḍajātaka*) (J. Bloch, *Le dialecte des fragments Dutreuil de Rhins, Journal Asiatique*, X[e] série, tome XIX, p. 332 ; Sten Konow, *Bemerkungen über die Kharoṣṭhī-Handschrift des Dhammapada, Festschrift für Ernst Windisch*, p. 85 ss.).

ṇḍ > ḍ : *pu-'da-ri-ka* (*puṇḍarīka*).

§ 13. Dentales. *t*. (Transcriptions correctes. Changement en sonore, II, § 2.)

Réduplication dans *ji-byid-ti* (*jīvati*) — *a-sid-ti* (*aśīti*).

t > th dans *a-ti-tha* (*atīta*) ; **t > r** : *ka-ri* (*gati*).

th > tth (*d — th*) : *tad-tha-ta* (*tathatā*).

d. (Transcription correcte. Changement en sourde, II, § 1.)

d > 'd : *'dag-khyi-na*, *'dag-khri-na* (*dakṣiṇa*) — *'da-sa* (*daśa*) — *'da-sra* (*daśa*) — *'di-ri-kha-a-yo* (*dīrghāyuḥ*) — *'di-ba* (*deva*) — *'de-ba* (*deva*) — *'da-ba* (*dvā*) — *'dui-śa-ta* (*dviśata*) — *'di-pa* (*dvīpa*).

d disparaît dans *a-pu-tha* (*adbhuta*).

dh. (Changement en sourde, II, § 1.)

Dans la plupart des cas, *dh* est rendu par *'d* ou *d*. Dans un seul cas, il est rendu par *h* = *ba-he-ra-bad-ta* (*badhiravat*).

n. La nasale dentale est transcrite correctement; dans deux cas cependant elle s'assimile en palatale par suite de son contact avec la voyelle palatale : *kha-ñi-ba-la* (*khānibala*) — *zo-go-ñi-rod* (*yoganirodha*).

§ 14. Labiales. **p.** (Transcriptions correctes et changement en sonore, II, § 2.)

p est rendu par *ph* dans *phrag-khya-da'* (*prakhyātāḥ*); par *d* (*t*, voir II, § 1) dans *sad-ta* (*sapta*); par *s* dans *srid-ña* (*prajñā*).

b. (Changement en sourde, II, § 1.) (Mouillure, I, § 2.)

Dans les autres mots, *b* est rendu par *'b* : *'ba-le* (*bāli*) — *'byi-la* (*bila*) — *'bar-ma* (*brāhma*) — *'bu-ta* (*Buddha*) — *'bu-tha* (*Buddha*) — *'bu-da* (*Buddha*) — *'bu-tha-yā* (*Buddhāya*) — *'bu-de* (*Buddhe*).

bh. (Changement en sourde, II, § 1.) (Mouillure, I, § 2.)

Dans les autres mots, *bh* est rendu par *b* et *'b*.

bh est rendu par *b* dans *'jam-ba-la* (*Jambhala*) — *bu-ta* (*bhūta*) — *kar-rba* (*garbha*) — *sa-ya-'bu* (*svayambhū*) etc.

m. A l'initiale, traitement correct (voir index).

Dans le corps du mot, transcription correcte dans *a-mo-ga-pa-sa* (*Amoghapāśa*) — *ka-ma* (*Kāma*) — *kra-ma* (*krama*) — *na-ma-ra* (*ḍāmara*) — *na-mo* (*namo*) — *pra-tha-ma* (*prathama*) — *bram-ma* (*Brahmā*) — *'bar-ma* (*brāhma*) — *'ja-ma* (*Yama*) — *sa-ma* (*sama*) — *sa-ma-ja* (*samāja*) — *śa-ma-ya* (*samaya*) etc.

m est changé en *r* dans *da-ra-ra-ja* (*dharmarāja*).

m disparaît dans *sa-ya-bu* (*svayambhū*).

A la finale, *m* subit le traitement de l'*anusvara*, c'est-à-dire qu'il se change en la nasale gutturale dans *bu-to-haṅ* (*Buddho 'ham*) — *ba-jra-'da-ro-haṅ* (*Vajradharo 'ham*).

On relève un changement de *m* en *v* dans *su-ve-ru* (*Sumeru*), changement qui rappelle certains faits *prācrits* (Pischel, *Grammatik*, § 251).

3° Semi-voyelles.

§ 15. *y*. Maintenu dans les mots suivants : *ga-ya* (*kāya*) — *gu-ya* (*guhya*) — *tra-ya* (*traya*) — *dra-ya* (*traya*) — *dar-ma-ya* (*Dharmāya*) — *na-ra-ya-na* (*Nārāyaṇa*) — *ni-la-ya* (*nilaya*) — *'bu-tha-yā* (*Buddhāya*) — *ma-ha-ya-na* (*Mahāyāna*) — *byi-'ja-na* (*vyañjana*) — *saṅ-ga-yā* (*saṃghāya*).

A l'initiale, *y* subit différentes modifications :

a) Traitement *prācrit* : changement en *j* (et *'j*), comme en Māgadhī, paiśacī etc. (Pischel, *Grammatik*, § 252) : *'ja-ma* (*Yama*) — *ju-byi-sti-ra* (*Yudhiṣṭhira*) — *'jo-ga* (*yoga*) — *'jo-gi* (*yogi*).

On note également la préfixation de *m* dans *mjo-ga* (*yoga*).

b) Changement en *z* ou *'z* : *zo-go* (*yoga*) — *zo-go-ñi-rod* (*yoganirodha*) — *zo-go-'o-tro* (*yogottara*) — *zo-gi-ni* (*yoginī*).

Dans le corps du mot :

a) Changement en *j* dans : *ar-ja* (*ārya*) — *tri-ja-ka* (*tiryak*).

b) Changement en *ǰy* dans *a-rǰya* (*ārya*). M. Paul Pelliot me signale une transcription *arǰa* dans un texte bouddhique turc utilisant la graphie tibétaine ; la transcription *a-rǰya* pourrait donc être le résultat d'une contamination graphique.

c) Changement en *ñ* dans *byid-ña-da-ra* (*vidyādhara*).

y disparaît dans *bu-na* (*puṇya*) — *bha-byi-śa* (*bhaviṣya*) — *byig-ka-ma-byi-tha* (*Vikramāditya*).

y apparaît dans *brya-ka-ra-na* (*prakaraṇa*) ; enfin *y* est changé en *i* dans *prad-ti-ka* (*pratyeka*).

r. Maintenu lorsqu'il se trouve à l'initiale ou en position intervocalique. *rad-na* (*ratna*) — *ra-ja, ra-ca* (*rāja*) — *ra-hu* (*Rāhu*) — *a-pa-ra* (*apara*) — *a-ba-da-ra* (*avatāra*) — *a-su-ra* (*asura*) — *i-spa-ra* (*īśvara*) — *na-ra-ya-na* (*nārāyaṇa*) — *ñi-rod* (*nirodha*) — *ma-hri-sva-ra* (*maheśvara*) — *ma-ri-ji* (*mārīcī*) — *lo-ke-śva-ra* (*Lokeśvara*) — *byi-ba-ra-na* (*vivaraṇa*).

Groupes consonantiques. *r* est maintenu dans : *ca-kra, cag-kra* (*cakra*) — *su-kra* (*śukra*) — *dar-ma-ya* (*Dharmāya*) — *sar-ba* (*sarva*).

r subit l'assimilation *prācrite* dans *byig-ka-ma-byi-tha* (*Vikramāditya*) (Mahārāṣṭrī : *vikkama°* ; Pischel, *Grammatik*, § 287) ; en éliminant deux particularités tibétaines : la mouillure et le changement de la sourde en sonore (I, § 3 et § 6), on restitue la forme *prācrite vikkama*.

r disparaît dans *ca-tu-a-so* (*caturasra*) — *tiṅ-sad-ta* (*triṃśat*) — *bra-bad-'ji-to* (*pravrajito*) — *sra-ha-śa-ni* (*sahasrāṇi*) — *sba-ha-sa* (*sahasra*).

r est changé en *m* dans *ca-tu-ra-a-sa-ma* (*caturasra*) et en *s* dans *ca-tus-pri-sti* (*caturbṛṣi*).

r apparaît dans les mots suivants : *u-prag-śa* (*upekṣā*) — *kar-kor-da* (*Karkoṭa[ka]*) — *'gur-ti-ka* (*guḍika*) — *ja-tra-ka* (*jātaka*) — *'da-sra* (*daśa*) — *dar-tu* (*dhātu*) — *ma-hri-sva-ra* (*Maheśvara*) — *'byin-srag* (*viṃsaka*) — *śar-tri* (*ṣaṣṭi*) — *sra-ha-śa-ni* (*sahasrāṇi*) — *sro-ra-sa* (*ṣoḍaśa*) — *ha-ri-sra* (*harṣa*).

l. Transcription correcte. Une seule exception : *man-dal-la* (*maṇḍala*).

v > *u* dans *'dui-śa-ta* (*dviśata*), *r* dans *tri-pa* (*dvīpa*).

Dentale + **v**. Deux traitements.

1° **t + v > t + p** et, en raison de particularités tibétaines **d + p** (I, § 6) : *cad-pa-ri* (*catvāri*); on relève également une forme *cad-ba-ri*; la mutation paraît donc se faire par l'intermédiaire du *b* et aboutit à une perte de sonorité.

2° **d + v > t** : *ti-pa* (*dvīpa*). Ces traitements se retrouvent en *marathe* (*t* + *v* > *t*). M. Jules Bloch signale que, « parmi les inscriptions d'Aśoka, celles de Girnar sont les seules qui aient protégé et même renforcé l'articulation labiale » (J. Bloch, *Formation de la langue marathe*, § 129, p. 133).

Il convient de noter également le changement de *sv* en *sp*, assez fréquent en iranien. Le manuscrit donne les exemples suivants : *i-spa-ra* (*īśvara*) — *ba-gi-spa-ra* (*Vāgīśvara*) (P. Pelliot, *J. A.*, septembre-octobre 1914, p. 390 et 391; *J. A.*, avril-juin 1920, p. 137 et 138).

4° Sifflantes.

§ 16. L'essai de transcription tibétaine de l'alphabet sanscrit (ligne 94—98 du manuscrit) ne revèle aucune distinction entre les sifflantes, les réduisant toutes à la sifflante dentale; cette unification se rencontre dans un certain nombre de dialectes *prācrits* de « l'époque bouddhique et de l'époque classique, sauf en un seul, le plus oriental de tous : c'est la *ḍhakkī* qui distingue encore *ś* issu de sanscrit *ś*, de *s* issu de sanscrit *s* et *ṣ* » (Pischel, *Grammatik*, § 228, et J. Bloch, *Formation de la langue marathe*, § 15, p. 19). Cette distinction est partiellement observée dans le corps de notre texte qui maintient très fréquemment la distinction entre la sifflante dentale et la sifflante palatale.

ś. a) Transcriptions correctes. *śa-ta* (*śata*) — *'da-śa* (*daśa*) — *lo-ke-śva-ra* (*Lokeśvara*) — *va-śi-ka-ra-na* (*vaśīkaraṇa*) — *sa-byi-śa* (*sadṛśa*).

b) *ś* > *s* dans les mots suivants : *sa-bu-ka* (*śaṃbuka*) — *sa-ta* (*śata*) — *sa-ni-ca-ra* (*Śanaiścara*) — *sa-saṅ-ga* (*Śaśāṅka*) — *si'u-ci* (*śuci*) — *su-ti* (*śuddhi*) — *sra-ba-ka* (*śrāvaka*) — *sri* (*śrī*) — *sro-tra* (*śrotra*).

Dans le corps du mot : *aṅ-su* (*aṃśu*) — *a-mo-ga-pa-sa* (*Amoghapāśa*) — *a-sid-ti* (*aśīti*) — *ku-sa-la* (*kuśala*) — *tiṅ-sad-ta* (*triṃśat*) — *'da-sa* (*daśa*) — *'da-sra* (*daśa*) — *da-ra-sa-na* (*darśana*) — *byiṅ-srag* (*viṃśaka*) — *sa-'di-sa* (*sadṛśa*) — [*a*]-*sra-ya* (*āśraya*) — *bai-sra-ma-na* (*Vaiśramaṇa*) — *man-ju-srī* (*Mañjuśrī*) — *ma-hrī-sva-ra* (*Maheśvara*) — *ba-gi-spa-ra* (*Vāgīśvara*).

ś disparaît dans *ka-cid-ta* (*kaścit*).

ṣ. La sifflante cérébrale est rendue par :

a) La sifflante palatale dans les mots suivants : *a-byi-śe-gi-ta* (*abhiṣikta*) — *a-byi-śa-ga* (*abhiṣeka*) — *a-byi-śi-ga* (*abhiṣeka*) — *ri-śi* (*ṛṣi*) — *bha-byi-śa* (*bhaviṣya*) — *ba-ri-śa* (*varṣa*) — *ha-ri-śa* (*harṣa*).

b) Par la sifflante dentale à l'état isolé ou en groupe avec une nasale : *sa-ra-a-nag-khya-ra* (*ṣaḍanakṣara*) — *sro-ra-sa* (*ṣoḍaśa*) — *ma-nu-sa* (*manuṣa*) — *ba-ri-sa* (*varṣa*) — *kris-na* (*Kṛṣṇa*) — *'byi-sñu* (*Viṣṇu*).

c) Par *r* ou *r-r* dans *a-rtha* (*aṣṭa*) — *a-rta* (*aṣṭa*) — *ar-ta* (*aṣṭa*) — *ar-rta* (*aṣṭa*) — *śar-tri* (*ṣaṣṭi*).

d) Par *čh* et *ch* (Pischel, *Grammatik*, § 211) dans *myi-čha* (*mṛṣṭa*) — *cha-da-ra-sa-na* (*ṣaḍ darśana*).

s. La sifflante dentale est a) maintenue dans les mots suivants : *sa-ma-jo-ga* (*samāyoga*) — *sa-ma-ja* (*samāja*) — *sa-myag* (*samyak*) — *sar-ba-ag-ña-ya* (*sarvajñāya*) — *sar-ba 'bu-ta* (*sarva Buddha*) — *sa-a-sra* (*sahasra*) — *sra-ha-śa-ni* (*sahasrāṇi*),

b) changée en sifflante palatale dans les mots suivants : *śa-tri-śa* (*sadṛśa*) — *śa-'di-sa* (*sadṛśa*) — *śa-ba-ta* (*sapta*) —

śa-ma-ya (*samaya*) — *sra-ha-śa-ni* (*sahasrāṇi*) — *śa-da-na* (*sādhana*) — *śi-ta* (*siddha*) — *śi-da'* (*siddha*) — *śin-ti* (*siddhi*) — *śag-kan-ta* (*skandha*).

5° Aspirée.

§ 17. *h* est a) maintenu dans *he-ru-ka* (*Heruka*) — *ma-ha-ya-na* (*Mahāyāna*),

b) changé en *j* dans *'gu-jya* (*guhya*).

c) *h* disparaît dans *a-ran-ta* (*arhanta*) — *'gu-ya* (*guhya*) — *bri-ya-spa-ti* (*Bṛhaspati*) — *bram-ma* (*Brahmā*) — *'bar-ma* (*brāhma*) — *sa-a-sra* (*sahasra*).

d) *h* est changé en ' dans *gra'a* (*graha*).

§ 18. Insertion de voyelles dans les groupes consonantiques. Ce phénomène ne présente aucun caractère de constance.

1° Insertion de *a* (Pischel, *Grammatik*, § 132) : *ka-ra-ka* (*khaḍga*) — *kha-ra-ka* (*khaḍga*) — *'da-ba* (*dva*) — *ba-ja-ra* (*vajra*) — *bra-ba-da'* (*prāpta*) — *ba-jra-svad-tva* (*Vajrasattva*) — *ba-jra-am-'bri-ta* (*vajrāmṛta*) — *ta-ra-ka* (*tarka*) — *da-ra-sa-na* (*darśana*) — *śa-ba-ta* (*sapta*) — *śag-kan-ta* (*skandha*).

2° Insertion de *i* (Pischel, *Grammatik*, § 133) : *a-byi-śe-gi-ta* (*abhiṣikta*) — *ca-tu-ra-a-sa-ma* (*caturasra*) — *di-ri-kha-a-yo* (*dīrghāyuḥ*) — *ni-ri-pa-na* (*Nirvāṇa*) — *bag-gyi-myi* (*vāgmi*) — *ba-ri-śa* (*varṣa*) — *ba-ri-sa* (*varṣa*) — *śa-pa-da* (*sapta*) — *śi-ri* (*śrī*) — *ha-ri-śa* (*harṣa*) — *ha-ri-sra* (*harṣa*) (Pischel, *Grammatik*, § 139).

3° Insertion de *u* : *pu-ru-na* (*pūrṇa*).

4° Insertion d'une consonne : *am-'bri-ta* (*amṛta*). On doit tout d'abord remarquer que *ṛ* (voyelle cérébrale) est rendu par *ri*; cette transcription fait perdre a *ṛ* sa valeur de voyelle; on se trouve ainsi ramené a un phénomène commun aux dialectes *prācrits* : l'insertion d'une occlusive labiale sonore entre la nasale labiale et *r* (Pischel, *Grammatik*, § 295).

§ 19. Métathèse : *kyi-rya* (*kri-yā*). On pourrait être tenté de ne voir, dans ce phénomène, qu'une simple insertion; on doit se rendre compte qu'il y a mouillure du *k* et que *i* qui doit suivre *r* le précède, Pischel (*Grammatik*, § 135) donne un example régulier d'insertion pour le même mot, mais sous la forme *kiriā*.

tri-ja-ka (*tiryak*) — *'bar-ma* (*brāhma*) — *myir-ga* (*mṛga*).

VIII
BIBLIOGRAPHIE

Bhandarkar, *Who was the Patron of Vasubandhu?* (*Indian Antiquary*, vol. XLI, p. 1 ss.).

Bloch (Jules), *Le dialecte des fragments Dutreuil de Rhins* (*Journal Asiatique*, IXe série, tome XX, p. 193 ss.).

Bloch (Jules), *La formation de la langue marathe* (*Bibliothèque de l'Ecole des Hautes Etudes, sciences historiques et philologiques*, 215e fascicule). Paris, 1915.

Bushell, *The early History of Tibet from Chinese Sources* (*Journal of the Royal Asiatic Society*, new series, vol. XIII, p. 435 ss.).

Chandra Das (Sarat), *Dpag-bsam ljon-bzañ. History of the Rise, Progress and Downfall of Buddhism in India by* Sum-pa mkhan-po ye-śes dpal-'byor. Calcutta, 1908, in 8°.

Chandra Das (Sarat), *A Tibetan-English Dictionary with Sanskrit Synonyms*. Calcutta, 1902.

Feer (Léon), *Analyse du Kandjour et du Tandjour* (*Annales du Musée Guimet*, tome II). Lyon, 1881.

Foucaux (Ph. Ed.), *Rgya Tch'er Rol Pa ou développement des jeux contenant l'histoire du Buddha Sakya-mouni* (1ère partie, texte tibétain; 2e partie, traduction française). Paris, 1847 et 1848.

Foucaux (Ph. Ed.), *Le Lalita-vistara* (*Annales du Musée Guimet*, tome VI). Paris, 1884.

Francke (A. H.), *The Rock Inscription at Mulbe* (*Indian Antiquary*, vol. XXXV, 1906, p. 72 ss.).

Francke (A. H.), *A History of Western Tibet, one of the Unknown Empires.* Londres, s. d. (1908).

Francke (A. H.), *Ladvags rgyal rabs, the Chronicles of Ladakh, according to Schlagintweit Ms.* (*Journal and Proceedings of the Asiatic Society of Bengal*, vol. VI, p. 393 ss.).

Francke (A. H.), *Notes on Sir Aurel Stein's Collection of Tibetan Documents from Chinese Turkestan* (*Journal of the Royal Asiatic Society*, 1914, p. 37 ss.).

Grünwedel (Albert), *Padmasambhava und Verwandtes* (*Baessler-Archiv*, Band III, Heft I, p. 1 ss.). Berlin, 1914.

Grünwedel (Albert), *Die Geschichten der vierundachtzig Zauberer (Mahāsiddhas). Aus dem Tibetischen übersetzt* (*Baessler-Archiv*, Band V, Heft 4/5). Berlin, 1916.

Konow (Sten), *Bemerkungen über die Kharoṣṭhī-Handschrift des Dhammapada* (*Festschrift für Ernst Windisch*, p. 85 ss.).

Laufer (Berthold), *Der Roman einer tibetischen Königin.* Leipzig, 1911.

Laufer (Berthold), *Dokumente der indischen Kunst, erstes Heft, Malerei. Das Citralakṣaṇa nach dem tibetischen Tanjur herausgegeben und übersetzt.* Leipzig, 1913.

Laufer (Berthold), *Bird Divination among the Tibetans* (*Notes on Document Pelliot no. 3530 with a Study of Tibetan Phonology of the Ninth Century* (*T'oung Pao*, vol. XV, 1914, p. 1 ss.).

Lévi (Sylvain), *Mahāyāna-sūtrālaṃkāra*, tome II (*Bibliothèque de l'Ecole des Hautes Etudes, sciences historiques et philologiques*, 190e fascicule). Paris, 1911.

Marx (Karl), *Documents relating to the History of Ladakh* (*Journal of the Asiatic Society of Bengal*, vol. LX, p. 97 ss.).

Meillet (Antoine), *La finale uḥ de skr., pituḥ, viduḥ, etc.* (*Mélanges Sylvain Lévi*, p. 17 ss.). Paris, 1911.

Minaev et Mironov, *Mahāvyutpatti*, 2e édition (*Bibliotheca Buddhica*, XIII). Petrograd, 1910.

Müller (Max) and H. Wenzel, *Dharmasaṃgraha, an Ancient Collection of Buddhist Technical Terms.* Prepared for publication by Kenjiu Kasawara. (*Anecdota Oxoniensia, Aryan Series*, vol. I, part V). Oxford, 1885.

Nanjio (Buniyu), *Catalogue of the Chinese Translation of the Buddhist Tripiṭaka, the Sacred Canon of the Buddhists in China and Japan.* Oxford, 1883.

Pelliot (Paul), *Kao-tch'ang, Qočo, Houo-tcheou et Qarâkhodjo* (*Journal Asiatique*, Xe série, tome XIX, 1912, p. 599 ss.).

Pelliot (Paul), *Quelques transcriptions chinoises de noms tibétains* (*T'oung Pao*, vol. XVI, 1915, p. 1 ss.).

Peri (Noël), *A propos de la date de Vasubandhu* (*Bulletin de l'Ecole française d'Extrême-orient*, X, p. 1 ss.).

Pischel (R.), *Grammatik der Prākrit-Sprachen* (*Grundriß der indo-arischen Sprachen*, Band I, Heft 8). Strasbourg, 1900. (Pischel, *Grammatik.*)

Rockhill (W. W.), *Tibet, a Geographical, Ethnological and Historical Sketch, derived from Chinese Sources* (*Journal of the Royal Asiatic Society*, vol. XXIII, 1891, p. 1 ss., p. 185 ss.).

Ross (Sir E. Denison) and Mahāmahopādhyāya Satis Chandra Vidyābhūshana, *Sanskrit-Tibetan-English Vocabulary, and Edition and Translation of the Mahāvyutpatti, by* Alexander Csoma de Kőrös (*Memoirs of the Asiatic Society of Bengal*, vol. IV, part I, p. 1 ss.; part II, p. 129 ss.). Calcutta, 1910 et 1916.

Schiefner (A.), *Tāranātha's Geschichte des Buddhismus in Indien, aus dem Tibetischen übersetzt.* Petrograd, 1869. (*Tāranātha.*)

Schlagintweit (E.), *Die Könige von Tibet* (*Abhandlungen der Kgl. Bayerischen Akademie der Wissenschaften, I. Klasse*, Band X, Abt. III). Munich, 1866.

Stein (Sir M. Aurel), *Ruins of Desert Cathay, Personal narrative of Exploration in Central Asia and Westernmost China*, vol. I et II. Londres, 1912, in 8°.

Takakusu (J.), *The Life of Vasubandhu by Paramārtha* (*T'oung Pao*, II, p. 272).

Takakusu (J.), *La Sāṅkhya-kārikā* (*Bulletin de l'Ecole française d'Extrême-Orient*, IV, 1904, p. 1 ss.).

Takakusu (J.), *A Study of Paramārtha's Life of Vasubandhu and the Date of Vasubandhu* (*Journal of the Royal Asiatic Society*, 1905, p. 33 ss.).

Waddell (L. A.), *Ancient Historical Edicts at Lhasa* (*Journal of the Royal Asiatic Society*, 1909, p. 923 ss.; 1910, p. 1247 ss.; 1911, p. 389 ss.).

INDEX

(Les chiffres en *italiques* renvoient aux lignes du texte tibétain, les chiffres ordinaires renvoient aux pages du volume.)

A.

C.

D.

E.

F.

K.

N.

T.

U.

V.

W.

Y.

Z.

MISSION PELLIOT EN ASIE CENTRALE.

La collection est consacrée à la mise en œuvre des matériaux linguistiques, historiques et archéologiques rassemblés au cours de la Mission Pelliot en Asie Centrale pendant les années 1906-1909.

Elle comprendra la reproduction et l'interprétation des monuments figurés, des textes chinois, sanscrits, koutchéens, sogdiens, iraniens-orientaux, turcs, mongols, si-hia, tibétains, avec fac-similés, traductions et commentaires, des recherches historiques, géographiques, religieuses et philosophiques.

La variété des sujets nous impose plusieurs formats, et par suite plusieurs séries, dont chacune aura une numérotation de volume continue.

La série in-4 sera, en principe, réservée aux reproductions des monuments figurés. Dans la série grand in-8 nous placerons les travaux qui, par leur étendue ou pour les besoins de l'illustration, demanderont cette justification. Les travaux linguistiques ou les éditions de moindres textes paraîtront dans la série petit in-8.

Ont paru jusqu'ici:

Série in-4, I: PELLIOT (P.) *Les Grottes de Touen-houang, Tome I* : grottes 1 à 30, 64 planches en phototypie, 1 plan des grottes, avec texte explicatif, in-4, dans un portefeuille, 1920 . . . . **100** fr.

— — *Idem, Tome II* : grottes 31 à 72, 64 planches en phototypie, in-4, dans un portefeuille, 1920 . . . . **100** fr.

— — *Idem, Tome III* : grottes 72 à 110, 64 planches en phototypie, in-4, dans un portefeuille, 1920 . . . . **100** fr.

— — *Idem, Tome IV* : grottes 111 à 120 N, 64 planches en phototypie, in-4, dans un portefeuille, 1921 . . . . **100** fr.

— — *Idem, Tome V* : grottes 120 N à 146, 64 planches en phototypie, in-4, dans un portefeuille, 1922 . . . . **100** fr.

— — *Idem, Tome VI* : grottes 146 à 182 et divers, 56 planches en phototypie, in-4, dans un portefeuille, 1924 . . . . **100** fr.

Le Ts'ien-fo-tong (ou « grottes des mille Bouddhas ») de Touen-houang, au Kansou, constitue un des ensemble archéologiques les plus importants de l'Asie Centrale et Orientale. Sentinelle avancée de la civilisation chinoise vers l'Occident, Touen-houang mettait toutes les civilisations de l'Asie antérieure en communication avec l'Extrême-Orient.

Quelques centaines de grottes creusées à flanc de falaise au bord d'un ancien torrent depuis longtemps apaisé, sanctuaires bouddhiques aux parois décorés de fresques, aux autels garnis de statues, voilà ce qu'est encore le Ts'ien-fo-tong, à une quinzaine de kilomètres au sud-est de la ville de Touen-houang.

Ces sanctuaires ont été décorés, à quelques rares exceptions près, *du Ve au XIe siècle* Des milliers de cartouches expliquent les scènes et précisent les dates. L'art des Wei et l'art des T'ang, que nous n'atteignons partout ailleurs que par le haut

Imprimerie Adolphe Holzhausen, Vienne.

www.ingramcontent.com/pod-product-compliance
Ingram Content Group UK Ltd.
Pitfield, Milton Keynes, MK11 3LW, UK
UKHW022107260726
13993UKWH00001B/356